Mario Morgner · Erich Kraus

Grenzdurchgangslager Radiumbad Brambach 1946

- Abschied und Neubeginn -

Impressum

2. Auflage, 2016
© 2016 Mario Morgner, Erich Kraus
Gestaltung: Mario Morgner
Korrektur und Lektorat: Dr. Jens Baumann
Umschlagbild: Bahnhofsgebäude Bad Brambach (Sammlung E. Adler)
Herstellung und Verlag: BoD – Books on Demand, Norderstedt
ISBN: 9-783739-243870

Diese Publikation wurde gefördert durch das Sächsische Staatsministerium des Innern.

Teilweise ist bei dem verwendeten Bildmaterial trotz Prüfung die Herkunft nicht immer sicher feststellbar. Sollten Bildrechte versehentlich verletzt worden sein, so bitten wir um einen entsprechenden Hinweis an mario.morgner@web.de.

Hinweis: In Brambach wurde 1911 die bis dahin stärkste bekannte Radiummineralquelle entdeckt. Ein Jahr später begann bereits der Kurbetrieb mit Radonbädern.
Die Gemeinde Brambach erhielt 1922 den Titel Bad und wurde in den Jahren von 1933 bis 1963 als Radiumbad Brambach bezeichnet. Die unterschiedlichen Bezeichnungen (Bad – Radiumbad) wurden, z.B. in den Zeitzeugenberichten, nicht geändert.

Bibliografische Information der Deutschen Nationalbibliothek:
Die Deutsche Nationalbibliothek verzeichnet diese Publikation in der Deutschen Nationalbibliografie; detaillierte bibliografische Daten sind im Internet über http://dnb.dnb.de abrufbar.

Inhalt

Spurensuche

Wo geht es hin? Amerikanische oder russische Zone?
Kurz darauf hält der Zug im Bahnhof Bad Brambach.
Wir sind im Osten!
Wir sehen die ersten Volkspolizisten, eine Krankenschwester fragt
nach Kranken und macht Stichproben nach Läusen. Wir werden
aufgefordert, waggonweise Essen zu holen. Es gibt pro Waggon
einen Wassereimer Suppe von Sauren Gurken und zwei längliche
Brote – ganz schwarz und pappig.
Franz Fenzl, Jahrgang 1930, aus Ringelberg, heute Horní Výšina

Franz Fenzl gehörte zu den 305.547 Deutschen aus der Tschechoslowakischen Republik, die zwischen dem 10. Juni 1946 und dem
15. Oktober 1946, in 251 Vertreibungstransporten über den Grenzbahnhof Radiumbad Brambach, nach Thüringen und Sachsen-
Anhalt in die sowjetische Besatzungszone in Deutschland ausgesiedelt wurden. Heute wirkt der gut einen Kilometer vom Stadtzent-
rum gelegene Bahnhof eher trist und verlassen. Nichts lässt darauf
schließen, welche Ängste aber auch welche Hoffnungen die Betroffenen bei ihrer Ankunft im zerstörten Deutschland in sich trugen. Bei vielen herrschte trotzdem Erleichterung, hatte doch die
ständige Angst und Ungewissheit über das eigene und das Schicksal
der Angehörigen endlich ein Ende.
Der Weg nach Deutschland führte die Vertriebenen zunächst in
eines der schätzungsweise 500 Sammel- Verteil- bzw. Wohnlager.
Oftmals wurden dafür die von Nazis während der Besatzungszeit
errichteten Arbeitslager für Gefangene und Fremdarbeiter, Konzentrationslager und Kasernen sowie Lager des Reichsarbeitsdiens-
tes (RAD) genutzt. Zurück blieben für die Aufrechterhaltung der
Wirtschaft wenige unverzichtbare Fach- und Zwangsarbeiter sowie
vereinzelt deutsche Antifaschisten. 1946 hatten die anti-deutschen
Anfeindungen jedoch auch ihnen gegenüber ein derartiges Ausmaß
erreicht, dass die deutschen Sozialdemokraten und Kommunisten

das Land, demgegenüber sie immer loyal geblieben waren, eben-falls verließen.

Die alteingesessene Bevölkerung in den deutschen Besatzungszo-nen, die meist selbst ums Überleben kämpfte, brachte in der Regel nur geringe Hilfsbereitschaft für die Neuankömmlinge auf, wenn es um die Zuteilung von Wohnraum, Kleidung und Verpflegung ging. Entsprechend konnten die Umsiedlerbehörden der Landes- und Provinzialverwaltungen sowie die im September 1945 gegründete Zentralverwaltung für deutsche Umsiedler bei der Verteilung des vorherrschenden Mangels oft nur wenig bewirken. Dennoch dran-gen die Behörden auf eine möglichst schnelle Integration und Assi-milation der Vertriebenen. Im deutsch-deutschen Vergleich fällt sogar ein zeitweiliger Vorsprung der Sowjetischen Besatzungszone (SBZ) bei materiellen Soforthilfen auf. Schon im Herbst 1946 ordne-te die Besatzungsmacht eine einmalige „Umsiedlerunterstützung" für arbeitsunfähige und bedürftige Vertriebene an, die bis 1949 ausgezahlt wurde. Einmalig wurden 300 RM pro Erwachsenem und weitere 100 RM für jedes Kind gezahlt. Eine zweite Form frühzeiti-ger Soforthilfe in der SBZ war die „Wohnraumpolitik". Dabei wurde zwangsweise einheimischer Wohnraum umverteilt. So gelang es bis 1947, 80 Prozent aller Vertriebenen als Untermieter in feste Woh-nungen einzuweisen und damit deren Lagerdasein zu beenden. In Bayern gelang dies erst um 1950.

Um jede Erinnerung an Flucht und Vertreibung zu vermeiden, durf-ten sich Betroffene in der SBZ/DDR schon seit Herbst 1945 nicht mehr als „Flüchtling" oder „Vertriebener" bezeichnen, sondern galten als „Umsiedler", seit 1950 sogar als „ehemaliger Umsiedler". Doch selbst diese Begriffe waren der SED-Politik bald unangenehm und wurden zeitgleich mit der Beseitigung der Länder und Schaf-fung der Bezirke im Jahre 1952 öffentlich vermieden.

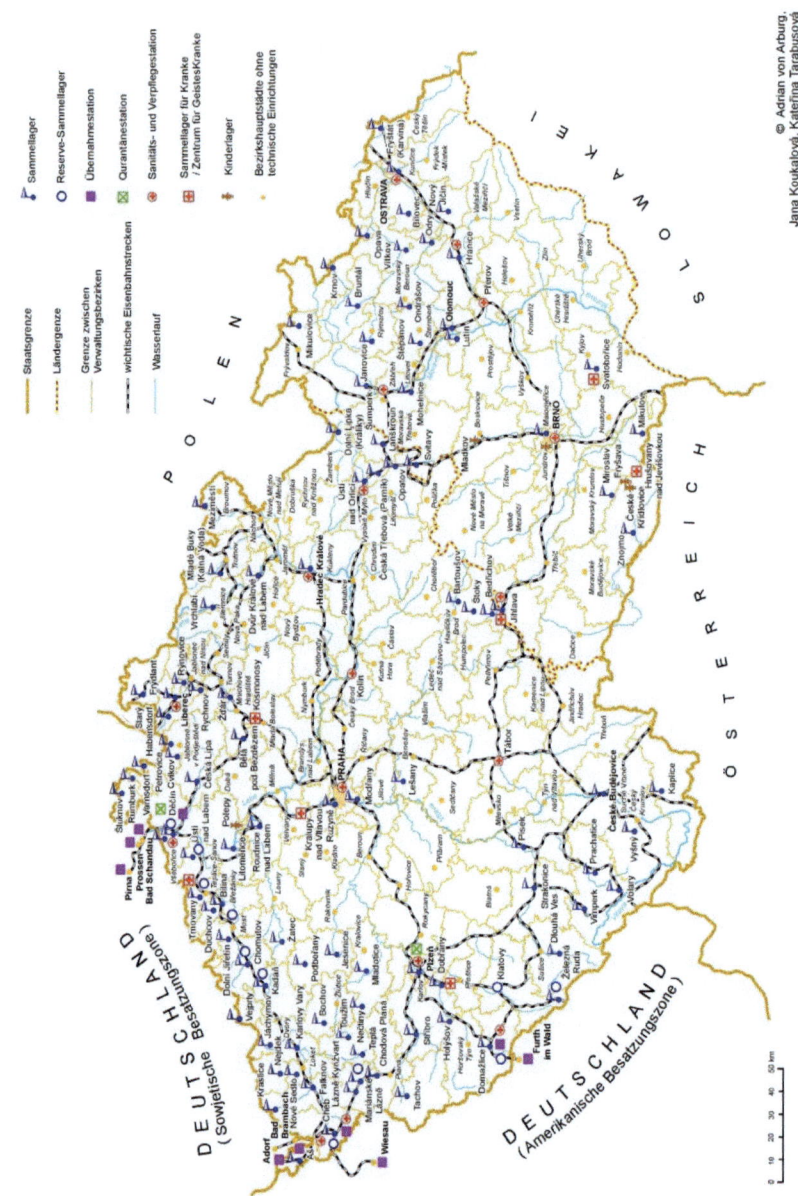

Abbildung 1: Die größten Sammel- und Internierungslager für Deutsche in der Tschechoslowakische Republik (ČSR) 1946. (Sammlung Dr. Adrian von Arburg)

6

Letzte Tage

Unmittelbar nach Kriegsende begann die sogenannte „wilde Vertreibung", begleitet von Plünderungen, Prügeln, Morden und Vergewaltigungen. Mehr als 14 Millionen Menschen, einige Schätzungen gehen von 17 Millionen aus, werden ab dem Frühsommer 1945 aus den Ostprovinzen des Deutschen Reiches, aus Polen, Jugoslawien, Ungarn und der Tschechoslowakei buchstäblich hinausgeworfen.

Die Vertreibung aus der Tschechoslowakei begann mit nacktem Hass. Die Rote Armee stand unmittelbar vor den Toren Prags, als sich die unter der Hitler-Diktatur geknechtete Bevölkerung am 5. Mai 1945 zum Aufstand erhob. Den Aufständischen gelang es, den Sender Prag II zu besetzen. Dort wurde die Parole: „Tod den Deutschen" erstmals verbreitet. Angeführt von tschechischen Milizen begann eine regelrechte Jagd auf die Deutschen. „Alle Bürger, die Deutschen Schutz gewähren, werden zur Verantwortung gezogen", hieß es im Radio. Mit dem Einmarsch der Roten Armee in die Stadt kapitulierten die deutschen Besatzer. Höheren Wehrmachts-, SS- und Verwaltungsangehörigen sowie einigen Zivilisten gelang im letzten Augenblick die Flucht in Richtung Westen. Doch die meisten der rund 200.000 Deutschen in Prag waren hilflos der Wut der tschechischen Milizen ausgeliefert. Es folgten Plünderungen, Vergewaltigungen und Mord. Wer „Glück" hatte, landete in einem der improvisierten Gefängnisse. Aber auch den Internierten stand Schreckliches bevor. Im Stechschritt mussten sie unter Beschimpfungen der Passanten durch die Straßen zu, oft sinnlosen, Arbeitseinsätzen ausrücken. Den Frauen wurden die Haare geschoren, Kranke oder Verletzte wurden auf offener Straße erschossen. Im Strahov-Stadion am Stadtrand harrten 10.000 Gefangene ohne Essen und Trinken aus. Alte und Kinder starben zu Hunderten an der Ruhr. Vor den Augen der Häftlinge prügelten Milizionäre tatsächliche oder vermeintliche NS-Funktionäre zu Tode.

Die Geschehnisse von Prag wiederholten sich tausendfach im Land. Die Vertreibung der Deutschen sollte sich bis Ende 1946 hinziehen -

doch niemals wurde es wieder so schlimm wie in den ersten Wochen nach dem Ende des Krieges.

Dabei lebten Deutsche und Tschechen trotz unterschiedlicher Kultur und Sprache mehr als 800 Jahre lang meist friedlich neben- und vor allem miteinander. Auftretende Spannungen zwischen den Bevölkerungsgruppen hatten in den früheren Jahrhunderten meist soziale oder religiöse, niemals aber nationale Ursachen.

Abbildung 2: Die Vertreibung der Deutschen aus Deutsch Gabel am Fuße des Lausitzer Gebirges, Grenzübergang Petersdorf. (Foto: Bezirksarchiv Reichenberg)

Deutsche in Böhmen

„Das Böhmen ist ein eigenes Land", sagte 1829 Johann Wolfgang von Goethe, „ich bin dort immer gerne gewesen." Das Land im Herzen Europas, eingerahmt vom Erzgebirge im Nordwesten, den Sudeten im Nordosten, dem Böhmerwald im Südwesten, den Böhmisch-Mährischen Höhen im Südosten und dem Mühl- und Waldviertel im Süden, ist seit seiner Besiedlung eng verflochten mit der europäischen Geschichte.

Der Name Böhmen leitet sich vom keltischen Stamm der Bojer ab, die das Gebiet vor über 2000 Jahren besiedelten und später teilweise nach Westen zogen, dem heutigen Bayern. Ihnen folgten die germanischen Markomannen, die sich mit Erfolg gegen die Eroberung durch die Römer wehrten. Im Verlaufe der im vierten Jahrhundert n. Chr. beginnenden Völkerwanderung kamen im sechsten Jahrhundert schließlich slawische Stämme ins Land, darunter der dominierende Stamm der später namensgebenden Čechi. Schließlich übernahm für gut 400 Jahre das Herrscherhaus der Přemysliden die Macht. Unter ihrer Herrschaft gewann Böhmen zunehmend an Bedeutung und wurde Teil des Heiligen Römischen Reichs (Deutscher Nation). Seine größte Ausdehnung erreichte das Königreich Böhmen unter der Herrschaft Ottokars II. (1253-1278). Es umfasste zu dieser Zeit neben Böhmen und Mähren auch die Herzogtümer Österreich, Kärnten und Steiermark.

Während der Herrschaft der Přemysliden kamen ab dem zwölften Jahrhundert deutschen Siedler ins Land. Zuerst waren es die Geistlichen und Kaufleute, die der böhmische Hof ins Land geholt hatte, ihnen folgten Bauern, Bergleute und Handwerker. Die Besiedlung betraf nicht nur die Randgebiete Böhmens, die später als das Sudetenland bezeichnet wurden, sondern auch Innerböhmen. Es wird geschätzt, dass um 1300 circa ein Sechstel der 1,5 Millionen Bewohner der böhmischen Länder deutscher Herkunft waren. Den Neuankömmlingen winkten durch das damals geltende deutsche Siedlerrecht zahlreiche Vergünstigungen, etwa eine zehnjährige Steuerfreiheit. Landwirtschaft, Bergbau, Handwerk und Handel blühten auf und die ersten Städte im neuen Siedlungsgebiet wuchsen. Die rund 100 Städte, die bis zur Mitte des 14. Jahrhunderts entstanden, wurden fast ausschließlich unter deutschem Einfluss und nach deutschem Recht gegründet. Zu ihnen gehörten, neben Prag und Brünn, beispielsweise Freudenthal (heute Bruntál) im Jahre 1215 oder Troppau (heute Opav) um 1225. Die deutsche Kolonisation, die Städtegründungen, die Erschließung der Silber- und Zinnfunde, und nicht zuletzt der Reichtum an anderen Erzen ließen das Königreich Böhmen als das unbestreitbar bedeutendste Fürstentum im ganzen Reiche erscheinen, dessen Einfluss von der Ostsee bis zur Adria reichte. Wer vermutet schon, daß Königsberg (heute Kaliningrad) eine Gründung des böhmischen Königs Ottokars II. ist und sein Name im Wiener Stadtteil Ottakring steckt?

Mit der Ermordung des letzten Přemysliden, Wenzel III., im Jahre 1306 begann zugleich die Zeit der Fremdherrschaft. Zunächst ging die Herrschaft an das Haus der Luxemburger über. Unter Karl IV., von 1346 bis 1378 böhmischer und deutscher König und 1355 in Rom zum deutschen Kaiser gekrönt, wurden die böhmischen Länder Kernländer des Reiches und Prag wurde Residenzstadt. Karl förderte Kunst und Wissenschaft. Unter seiner Herrschaft wurde Prag zu einer der wichtigsten Macht- und Kulturzentren Europas. Unsterblichen Ruhm brachte ihm aber vor allem die Gründung der ersten, nördlich der Alpen gelegenen Universität in Prag 1348 ein. Unter den Luxemburgern umfassten die Länder der böhmischen Krone auch Luxemburg und Brabant, Brandenburg, die Lausitz und Schlesien.

Diese kulturelle Blüte wurde durch die sogenannten Hussitenkriege in den Jahren 1419 bis 1436 beendet. Die religiösen Auseinandersetzungen brachten, wie jeder Krieg, Tod, Verwüstung und Vertreibung. Das galt für Tschechen und Deutsche gleichermaßen. Die böhmische Krone war am Ende geschwächt und Böhmen verlor seine wirtschaftlich und kulturell führende Stellung in Europa.

Mit Ferdinand I. bestieg 1526 erstmals ein Habsburger den böhmischen Thron. Einer seiner Nachfolger, Rudolf II. (böhmischer König von 1575 bis 1611 und römisch-deutscher Kaiser ab 1576), verlegte seinen Hof von Wien nach Prag und sorgte so für eine erneute Blütezeit der Stadt und des Landes in Kunst und Wissenschaft. Doch geprägt war diese Zeit vor allem durch religiöse Konflikte zwischen der katholischen Kirche und diversen protestantischen Reformbewegungen. Sie gipfelte zunächst im so genannten Prager Fenstersturz am 23. Mai 1618, als zwei kaiserliche Statthalter von böhmischen Protestanten aus den Fenstern der Prager Burg, dem Hradschin, geworfen wurden. Dieses Ereignis gilt als Auslöser des Dreißigjährigen Krieges. Bei der 1620 stattfindenden, zwei Stunden andauernden Schlacht am Weißen Berg – ein Hügel im Westen Prags – unterlagen die protestantischen Truppen der böhmischen Stände den katholischen Heeren, worauf die böhmischen Stände völlig entmachtet und 27 Anführer des Aufstandes hingerichtet wurden.

Die Böhmischen Länder gehörten vor 1618 zu den dichtest besiedelten Gebieten Europas. Nach dem Dreißigjährigen Krieg hatten sie mehr als ein Drittel ihrer Einwohner verloren. Historiker sprechen von etwa 150 000 Menschen, die in dieser Zeit aus ihrer böhmischen Heimat vertrieben worden. Es dauerte über ein Jahrhundert, bis der alte Besiedlungsstand wieder erreicht war. Waren es nach den Hussitenkriegen Protestanten gewesen, die in dem entvölkerten Land eine neue Heimat fanden, so kamen jetzt hauptsächlich Katholiken. Die neue Siedlerwelle breitete sich von Deutschland vornehmlich in den neuen Bergbaugebieten an der böhmischen Nordgrenze aus. Die Siedler aus Sachsen verschmolzen aber in der Folgezeit nicht mit den anderen Deutschböhmen zu einer einheitlichen Sprach- und Kulturgruppe, sondern blieben weitgehend isoliert. Um 1700 machte der Anteil der Deutschsprachigen in Böhmen bereits über ein Fünftel aus. Bis zum Ersten Weltkrieg stieg er auf fast ein Drittel (2,9 Millionen) an.

Unter den Habsburgern wurde Deutsch zur Amts- und Unterrichtssprache. Deutschkenntnisse wurden zur Voraussetzung für höhere Bildung und sozialen Aufstieg. Die ständische Verwaltung, bisher ein Hort der tschechischen Sprache, wurde zunehmend mit königlichen Beamten durchsetzt, die meist deutschsprachig waren. Dies führte unweigerlich zu einer Benachteiligung der Tschechen. Ab Mitte des 19. Jahrhunderts waren viele Tschechen nicht mehr bereit, die wirtschaftliche, politische und kulturelle Zurücksetzung weiter zu ertragen. Allmählich wurden die Forderungen der Tschechen nach mehr Eigenständigkeit lauter. Einer der geistigen Führer der neuen Nationalbewegung war der Historiker František Palacký, der mit seinem Werk „Geschichte von Böhmen" viel zum tschechischen Geschichtsbewusstsein beitrug. Später trat Palacký auch politisch in den Vordergrund und lehnte demonstrativ eine Einladung zur deutschen Nationalversammlung in Frankfurt am Main ab. Vielmehr berief er im Juni 1848 einen Slawenkongress nach Prag ein, der im Auftrag des Kaisers von österreichischen Truppen gewaltsam aufgelöst wurde. Neue Nahrung erhielt die tschechische Empörung mit der Schaffung der österreichisch-ungarischen Doppelmonarchie 1867. Deutsche und Ungarn waren darin gleichberechtigt; für die Tschechen, die dritte große Volksgruppe der Donaumonarchie, galt dies nicht.

Die Deutschen in der Habsburgermonarchie empfanden die Forderung nach einer größeren Gleichberechtigung und Eigenständigkeit der Tschechen immer stärker als existenzielle Bedrohung. Im Streit, ob das Deutsche und das Tschechische gemeinsame Behördensprachen sein sollten, fanden diese Auseinandersetzungen ihren ersten Höhepunkt. Die Habsburger versuchten die Lage durch Kompromisse zu entschärfen. 1864 wurde Tschechisch an höheren Schulen als zweite Landessprache eingeführt - zuvor war auf Deutsch unterrichtet worden. Weiterhin wurden die Gesetzestexte zweisprachig verfasst und in den vorwiegend tschechisch besiedelten Gebieten die tschechische Sprache in den Ämtern zugelassen. Ein weiteres Ergebnis dieser Bemühungen war die Teilung der Prager Universität 1881–82 in eine tschechische und eine deutsche. Im Jahr 1882 wurde mit einer Ausweitung des Wahlrechts auf größere Teile der männlichen Bevölkerung der politische Einfluss der Tschechen ausgedehnt. Die Einführung des Tschechischen als gleichberechtigte Behörden- und Gerichtssprache in Gesamtböhmen hingegen scheiterte 1899 zunächst am starken deutschen Widerstand, da die Deutschen eine „Tschechisierung" der deutscher Siedlungsgebiete befürchteten. Bis zum Ende des Jahrhunderts verschärften sich die Spannungen zwischen Deutschen und Tschechen immer mehr, wiederholt musste zwischen 1893 – 1895 in Prag wegen Ausschreitungen der Ausnahmezustand verhängt werden. Der böhmische Landtag war wegen der Streitigkeiten arbeitsunfähig und wurde schließlich 1913 von der österreichischen Regierung aufgelöst.

Als der Erste Weltkrieg ausbrach, war die Chance für einen tschechischen Staat gekommen. 1916 wurde mit den slowakischen Nachbarn ein gemeinsamer Nationalrat gegründet. Als kurz darauf auch noch vereinzelte tschechische Truppen auf Seiten der Alliierten kämpften, wurden die Tschechen als kriegführende Nation anerkannt. Am 28. Oktober 1918 wurde schließlich der erste selbstständige tschechoslowakische Staat, die ČSR, ausgerufen, zu dem auch die deutschsprachigen Gebiete Böhmens gehörten. Erster Präsident war der tschechische Philosoph Thomáš Garrigue Masaryk.

Die ČSR war eigentlich ein Staat mit ethnischer Vielfalt, eine Habsburger-Monarchie im Kleinen, wurde aber als tschechischer Nationalstaat organisiert. Damit die slawischen Bevölkerungsteile überhaupt eine Mehrheit hatten - die Deutschen stellten mit 28 Prozent den zweitgrößten Bevölkerungsanteil - wurde eine „tschechoslowakische Nation" konstruiert, die aus Tschechen und Slowaken bestand. Den Landesteilen mit deutscher Bevölkerungsmehrheit wurde der Anschluss an die Republik Deutsch-Österreich, deren Befürworter sich wiederum mit Deutschland vereinen wollten, gewaltsam verwehrt. Die Deutschen waren in der Tschechoslowakei ebenso benachteiligt wie die Einwohner ungarischer, polnischer oder ukrainischer Sprache. Der österreichische Sozialdemokrat und ehemalige Außenminister Österreichs Otto Bauer meinte dazu lakonisch: „Man versucht, uns damit zu trösten, dass die tschechoslowakische Republik eine neue Schweiz werden könnte, in der sechs Völker in Freiheit und Frieden zusammenleben würden. Aber (...) nur ein oberflächlicher Nationalismus, der von der historischen Bedingtheit staatlicher Ordnung und nationalen Zusammenlebens nichts ahnt, kann glauben, dass das Schweizer Vorbild an beliebiger Stelle unter beliebigen geographischen, wirtschaftlichen und historischen Bedingungen nachgeahmt werden kann ...".

Die Gründung der ČSR hatte gewaltige Geburtsfehler, dessen Auswirkungen sich in den folgenden Jahren immer deutlicher zeigten. Die deutschen Bewohner Böhmens, Mährens und Mährisch-Schlesiens beriefen sich auf das von US-amerikanischen Präsidenten Wilson für die Völker der Monarchie versprochene Selbstbestimmungsrecht und entschieden sich einmütig im November 1918 für eine staatliche Zugehörigkeit zu Deutsch-Österreich. Gleichzeitig erklärte Deutsch-Österreich am 12. November 1918 seinen Beitritt zu Deutschland. Aus Sicht der ČSR musste schnellstens gehandelt werden. Prag ordnete im Dezember 1918 die militärische Besetzung der von Ungarn besiedelten Landesteile in der Slowakei und den sudetendeutschen Gebieten und die Auflösung der jeweiligen Landesparlamente an. Frankreich, Großbritannien und Italien legitimierten diesen Akt im Nachgang, während die USA ihre Zustimmung verweigerten. Eine bei den Siegermächten beantragte Volksabstimmung in den strittigen Gebieten wurde ebenfalls abgelehnt. Wollte man aus machtpolitischen und wirtschaftlichen Erwägungen am neuen Staat festhalten, war dieser Schritt nur konsequent, denn ohne die industrielle Leistungskraft der Randgebiete wäre die ČSR kaum überlebensfähig geworden. Außerdem boten die Gebirgszüge ein militärisch nützliches Hindernis gegen mögliche Angriffe des Deutschen Reiches und Österreichs.

Bedenken äußerten lediglich die USA mit Blick auf die große deutsche Minderheit. Der tschechoslowakische Außenminister und spätere Präsident Edvard Beneš schaffte es letztlich bei den Friedensverhandlungen 1919 in Paris mit einer faustgroßen Lüge, die Amerikaner hinters Licht zu führen. Er reduzierte die Zahl der Deutschen im Land auf 1,6 statt der tatsächlichen 3,2 Millionen. Auf der von ihm präsentierten manipulierten Landkarte von Böhmen waren die deutsch besiedelten Gebiete kleiner eingetragen als es den Tatsachen entsprach. Laut Beneš gab es nicht einmal rein deutsche Bezirke. Außerdem täuschte Beneš die Westmächte mit Zusicherungen, wonach die künftige Republik ein demokratischer und freiheitlicher Staat ohne Unterdrückung sein werde. Deutsche sollten gleichberichtigt neben Tschechen und Slowaken leben, die deutsche Sprache wurde als zweite Landessprache zugesichert. Ob die

Westmächte Beneš' Spiel durchschauten - schon einer oberflächliche Überprüfung hätte das vorgelegte Material nicht standgehalten - oder nicht, sei dahingestellt. Die Sudetendeutschen – der Begriff für die Deutschböhmen, Deutschmährer und Deutschschlesier setzte nach dem Kriegsende als Sammelbezeichnung durch - fühlten sich allerdings betrogen und ihrer Rechte beraubt. Am 4. März 1919 riefen die Sozialdemokraten, die damals führende Partei der Deutschböhmen und Deutschmährer, gemeinsam mit den übrigen deutschen Parteien in zahlreichen Städten des Sudetenlandes zu friedlichen Demonstrationen auf. Ausschlag dafür gab letztlich die Nichtzulassung zu den Wahlen zur provisorischen Nationalversammlung der Republik Österreich im Februar 1919 und die zwangsweise Eingliederung in die am 28. Oktober 1918 ausgerufene Tschechoslowakische Republik. Gefordert wurden neben dem Recht auf Selbstbestimmung der unverzügliche Abzug der tschechischen Truppen und die Anerkennung der beschlossenen Zugehörigkeit zu Deutsch-Österreich. In mehreren Orten wurden die Demonstrationen durch das tschechische Militär blutig niedergeschlagen. 54 Tote und mehr als 200 Verletzte unter den Demonstranten waren zu beklagen. Damit war einerseits der Wille zum offenen Wiederstand gebrochen, zum anderen prägte sich dieser Tag fest in das kollektive Gedächtnis der Sudetendeutschen ein. Nicht wenige, vor allem ältere Sudetendeutsche, sprechen sogar davon, dass erst mit dem durch Waffengewalt durchgesetzten Machtanspruch des neuen Staates die sudetendeutsche Identität ihre endgültige Begründung fand. Dennoch versuchte die Regierung die verschiedenen Völker in den neuen Staat zu integrieren. Der Minderheitenschutzvertrag als Bestandteil der Friedensverträge von Saint-Germain (Versailles), den die ČSR unterzeichnete und der in abgewandelter Form Einzug in die Verfassung fand, bestimmte, dass alle Bürger der Republik vor dem Gesetz gleich sind und dieselben Bürgerrechte haben. Den Sudetendeutschen sicherte er zu, dass in allen Bezirken mit einem ethnischen Mindestanteil von 20 Prozent die Zweisprachigkeit in öffentlichen Ämtern zugelassen wurde. Es durften deutschsprachige Schulen, Kirchen, Theater, Bibliotheken und Zeitungen betrieben sowie Vereine gegründet werden. Der erste Präsident der Republik, Tomáš G. Masaryk, hatte sogar noch weiterreichende Vorstellungen von der Stellung der nationalen Minderheiten als manche andere tschechische Politiker. Er wollte beispielsweise das Deutsche nach Tschechisch und Slowakisch als Staatssprache zulassen und dass die Deutschen mindestens einen Minister in der Regierung stellten.

Doch schon das Sprachgesetz vom 29. Februar 1920 schrieb vor, dass alle Staatsbeamten- und Angestellten die tschechische Sprache beherrschen mussten. Die angewiesene mündliche und schriftliche Prüfung bestanden viele in den rein deutsch besiedelten Gebieten nicht und wurden entlassen. Auf diese Weise verloren mehr als 100.000 Deutsche ihre Arbeit. An ihre Stelle traten tschechische Beamte, für die Kenntnisse der deutschen Sprache keine Voraussetzung waren.

In einer Gegenüberstellung listen beispielweise die sudetendeutschen Sozialdemokraten und Gewerkschafter im Jahr 1930 auf: *Die Zahl der deutschen Eisenbahnangestellten – unbeschadet der Beamten – ist von ca. 22.000 im Jahre 1918 auf 11.000 gesunken. Der Abbau der deutschen Beamten bei der Bahn dürfte 8.000 bis 10.000 betragen. Die Deutschen können sich nur noch in untergeordneten Stellen behaupten, rücken nicht vor und führen ein Leben, das ich Ihnen gar nicht beschreiben kann.*

Nehmen wir nun den Postdienst. Ich will einige Beispiele anführen. In Graslitz, das 100 Prozent deutsche Einwohner zählt, gab es vor dem [1. Welt-]Kriege 23 deutsche Bedienstete, jetzt 22 tschechische Beamte und 5 deutsche Briefträger. […] In Weipert mit 99,3 Prozent deutscher Bevölkerung sind von 30 Postbediensteten noch 5 deutsche Briefträger übrig. Selbst frei gewordene Stellen wurden fast ausnahmslos mit tschechischen Beamten besetzt.

Mit der bereits am 16. April 1919 erlassenen Bodenreform wurde nahezu ein Drittel der gesamten Landwirtschaftsfläche des Staatsgebietes enteignet. Darunter fielen auch alle deutschen Landerwerbungen seit der Schlacht am Weißen Berg im Jahre 1620, die der tschechischen Bevölkerung „zurückgegeben" wurde. In Zahlen wurden rund 840.000 Hektar deutschen Grundbesitzes enteignet, was in etwa 30 Prozent der land- und forstwirtschaftlichen Fläche des Sudetenlandes entsprach.

1922 erklärten mehrere sudetendeutsche Parteien ihre Bereitschaft zur Mitarbeit in der Regierung. Ihre Forderungen nach mehr Gleichberechtigung scheiterten letztlich. Hinzu kam, dass die Weltwirtschaftskrise 1929 - 1933 besonders die Sudetendeutschen in der Textil-, Glas-, und Porzellanindustrie betraf und bis zu einer Arbeitslosigkeit von 62 Prozent unter den Deutschen führte. Das Arbeitslosenelend, die Diskriminierung und nicht zuletzt die Erfolglosigkeit der deutschen Parteien in der ČSR ließen die Sudetendeutsche Partei (SdP) unter Konrad Henlein erstarken. Zunächst setzte sich die Partei für Verbesserungen der Lage der Deutschen ein. Als auch sie scheiterte, radikalisierte sich die SdP zusehends und engagierte sich ab Ende der 1930er Jahre immer stärker für einen Anschluss der deutsch besiedelten Gebiete ans Deutsche Reich. Am 28. März 1938, nach dem Anschluss Österreichs an das Deutsche Reich am 12. März, trafen sich Henlein und Hitler. Hitlers Weisung, an Prag für die tschechische Seite unerfüllbare Forderungen zu stellen, gab Henlein in seinem Karlsbader Programm am 24. April 1938 bekannt. Er forderte: volle Gleichberechtigung der deutschen Volksgruppe, Anerkennung des sudetendeutschen Siedlungsgebietes, sudetendeutsche Selbstverwaltung, Wiedergutmachung des Schadens, der den Sudetendeutschen seit 1918 durch das Unrecht entstanden war, Freiheit des Bekenntnisses zum deutschen Volkstum und zur deutschen Weltanschauung. Für die Prager Regierung waren diese Forderungen natürlich unannehmbar. Die Westmächte erkannten die ernste innenpolitische Situation der ČSR und rieten der Regierung, die Forderungen Henleins ernst zu nehmen. Großbritannien schickte eine Delegation unter Leitung von unter Lord Runciman als Beobachter und Vermittler. Auf ihrem Druck billigte Beneš am 5. September 1938 den deutsch besiedelten Gebieten die territoriale Autonomie sowie die Gleichstellung der Sprachen zu. Doch diese Zugeständnisse kamen zu spät. Die SdP forderte unverhohlen die Abspaltung von der ČSR. Mit „Wir wollen heim ins Reich!" erhöhte Henlein, unterstützt von Hitler, den Druck, worauf in 13 sudetendeutschen Bezirken das Standrecht verhängt wurde.

Entscheidend für den weiteren Verlauf der Krise war das Verhalten Großbritanniens, das sich erhoffte, durch Zugeständnisse den Frieden in Europa erhalten zu können. Hierfür war es bereit, mit Deutschland über Grenzveränderungen in Ostmitteleuropa zu verhandeln, zumal es die restriktive Minderheitenpolitik der Tschechoslowakei missbilligte. Im Münchner Abkommen vom 28. September 1938 wurde nach Verhandlungen der Regierungschefs Großbritanniens, Frankreichs, Italiens und Deutschlands die Abtretung des Sudetengebiets an das Deutsche Reich festgelegt. Kurz darauf marschierte Hitlers Wehrmacht ins neue Reichgebiet ein. Hitler ging es nun um die „Erledigung der Rest-Tschechei". Bereits im März 1939 ließ er seine Truppen die übrigen Gebiete Böhmens und Mährens besetzen und zum sogenannten „Protektorat" erklären. Der tschechoslowakische Staat hatte nach knapp 20 Jahren aufgehört zu existieren.

Abbildung 3: Edvard Beneš, zweiter und dritter Präsident der ČSR, ca. 1942.
(Quelle: Wikipedia/gemeinfrei)

Mit der Errichtung des Protektorats wurden alle tschechischen Parteien verboten und durch die Nationale Union (Národní souručenství) als einzig zugelassener Einheitspartei ersetzt. Als Staatspräsident wurde der, nach dem Rücktritt von Edvard Beneš im November 1938, gewählte tschechische Staatspräsident Dr. Emil Hácha (1872–1945) als Symbolfigur der formal autonomen Verwaltung belassen.

Während die mehrheitlich deutsch besiedelten Randgebiete im Südosten und Süden Böhmens und Mährens dem Regierungsbezirk Niederbayern-Oberpfalz sowie den Reichsgauen Niederdonau und Oberdonau angegliedert wurden, bildete man aus den deutsch besiedelten Randgebieten in Nordböhmen und Nordmähren den „Reichsgau Sudetenland" mit den Regierungsbezirken Aussig (Ústí nad Labem), Toppau (Opava) und Karlsbad (Karlovy Vary). Das böhmische Reichenberg (Liberec) wurde als größte Stadt des Gebietes zur „Gauhauptstadt" erhoben.

Die Interessen Deutschlands gegenüber der tschechischen Regierung im Reichprotektorat Böhmen und Mähren, und damit die eigentliche Regierungsgewalt, übernahm der so genannte „Reichsprotektor". Die tatsächliche Macht übte dennoch nicht der erste Reichsprotektor, Konstantin von Neurath, aus, sondern SS-Funktionäre wie der mit dem Titel eines Staatssekretärs bedachte Polizeichef und spätere Staatsminister Karl Hermann Frank sowie der ab September 1941 amtierende stellvertretende Reichsprotektor, SS-Obergruppenführer und General der Polizei Reinhard Heydrich. Heydrich war gleichzeitig Chef des Reichssicherheitshauptamtes (RSHA) und in dieser Funktion einer der Organisatoren des Holocaust. Er hatte, wenige Monate vor seiner Ernennung, in Berlin die Wannsee-Konferenz geleitet, auf der die Mordpläne an den Juden besprochen wurden.

Am 28. Oktober 1939, dem Jahrestag der tschechoslowakischen Unabhängigkeit, demonstrierten in Prag mehrere Tausend tschechische Studenten gegen die deutsche Besatzung. Dabei wurde der Medizinstudent Jan Opletal von einer Kugel schwer verwundet und starb am 15. November 1939 an seinen Verletzungen. Sein Tod löste schwere Unruhen aus. Daraufhin wurde die Tschechische

Karlsuniversität in Prag am 17. November 1939 geschlossen, über 1.200 tschechische Studenten wurden im Konzentrationslager Sachsenhausen interniert und erst 1942 wieder freigelassen.

Abbildung 4: Reinhard Heydrich, der „Henker von Prag" in der Uniform eines SS-Gruppenführers ca. 1940. (Quelle: Bundesarchiv, Bild 146-1969-054-16/Hoffmann, Heinrich - Lizenz CC-BY-SA 3.0)

Als Hitlers Statthalter in Prag regierte Heydrich ab September 1941 mit „Zuckerbrot und Peitsche". In einer Rede vor deutschen Amtsträgern in Prag sagte er, dass ihn nichts anderes interessiere als die Befriedung des Gebiets und deren Nutzbarmachung für die deutsche Kriegsindustrie. Er werde deswegen mit allen jenen Deutschen und Tschechen zusammenarbeiten, die diesem Ziel förderlich seien, er werde alle jene, auch Deutsche, ausschalten, die dieses Ziel behinderten. Und: „Das ist das Wesentliche, dass wir nicht gedankenlos auf dem Tschechen herumknüppeln, sondern dass wir uns wirklich um die Dinge kümmern, die tatsächlich nicht in Ordnung sind." Damit gelang es ihm in wenigen Monaten, dass unru-

hige Protektorat in eine gut funktionierende deutsche Waffen-
schmiede umzuwandeln und Teile der tschechischen Arbeiter- und
Bauernschaft für sich zu gewinnen. Andererseits regierte er mit
harter Hand. Um jeden Widerstand im Keim zu ersticken, ließ er
gleich nach seiner Versetzung tausende Personen verhaften und
hunderte Todesurteile vollstrecken. Viele Tschechen wurden zur
Zwangsarbeit ins Deutsche Reich abtransportiert. Schnell erwarb er
sich durch die brutale Verfolgung des Widerstandes seinen Ruf als
„Schlächter von Prag". Auch wurden die tschechischen Juden in
Konzentrations- und Vernichtungslager deportiert. Traurige Be-
rühmtheit erlangte das Ghetto und Arbeitslager Theresienstadt.
Nachdem Heydrich am 27. Mai 1942 durch ein Attentat schwer
verwundet wurde und am 4. Juni 1942 an den Folgen starb, erlebte
das Reichsprotektorat eine erneute Terrorwelle durch das Reich,
gedacht als Vergeltung für den Mord an Heydrich. 10.000 Tschechen wurden festgenommen, über 1.300 getötet. Besonders bekannt wurde dabei das Massaker von Lidice (Liditz), bei dem die SS
am 10. Juni 1942 eine ganze Ortschaft dem Erdboden gleich machte
und alle männlichen Einwohner umbrachte. Am 3. Juli 1942 wurde
der Ausnahmezustand aufgehoben, die Standgerichte zur Aburtei-
lung verdächtiger Personen blieben jedoch weiterhin bestehen.
Schon am 5. Mai 1945, kurz nach Hitlers Selbstmord und noch vor
der deutschen Kapitulation, bekamen die Besatzer den Hass der
Tschechen im sogenannten Prager Aufstand zu spüren. Viele Deutsche wurden Opfer von Lynchjustiz. Nach der Kapitulation des
Deutschen Reiches am 8. Mai 1945 traf der tschechische Zorn die
sudetendeutschen Gebiete und ihre Bewohner mit voller Wucht.
Die Deutschen mussten ihre Häuser verlassen und ihren Besitz zu-
rücklassen. Nicht selten waren die Vertriebenen erbarmungsloser
Gewalt ausgesetzt. Der Brünner Todesmarsch war eines der brutals-
ten Kapitel der Vertreibung. Er begann am 31. Mai 1945, dem Fron-
leichnamstag. Wie viele der rund 27.000 zusammengetriebenen
Menschen - etwa die Hälfte der deutschen Bevölkerung von Brünn -
auf dem 80 Kilometer langen Fußmarsch Richtung Österreich und
weiter nach Wien an Entkräftung oder Krankheit starben, wie viele
von den bewaffneten tschechoslowakischen Begleitern getötet

wurden, weiß niemand genau. Mehr als 2.000 Tote gab es nach-
weislich, manche Quellen sprechen von 8.000 Opfern.
Ein weiteres Massaker ereignete sich am 31. Juli 1945 in Aussig
(Ústí nad Labem), wo schätzungsweise bis zu 2.700 Deutsche inner-
halb weniger Stunden getötet wurden. Die Menschen wurden er-
schlagen, in einem Löschwasserspeicher ertränkt oder von der El-
bebrücke gestoßen und im Wasser beschossen. Manche Leichen
trieben bis ins benachbarte Sachsen. Tote Körper wurden bis Mei-
ßen aus der Elbe geborgen. Weitere Grausamkeiten im Grenzgebiet
zu Sachsen ereigneten sich in Komotau, Saaz und Postelberg sowie
Kaden.

**Abbildung 5: Gedenktafel an das Massaker von Aussig auf der Edvard-Beneš-
Brücke in Aussig (Ústí nad Labem) im Jahr 1945.**
(Foto: SchiDD, gemeinfrei)

Insgesamt wurden etwa 2,9 Millionen Deutsche aus der Tschechoslowakei vertrieben. Der aus dem Exil zurückgekehrte Edvard Beneš
legitimierte die Verbrechen der Vertreibung nachträglich durch das
Gesetz Nr. 115 vom 8. Mai 1946. Dieses besagte, dass eine sonst
strafbare Handlung, die zwischen dem 30. September 1938 und
dem 28. Oktober 1945 begangen worden war, straffrei blieb, wenn
sie zur Freiheit der Tschechoslowakei oder zur Vergeltung gegenüber den Besatzern beigetragen hatte. Dieses und weitere Gesetze
zur Enteignung und Ausweisung der Deutschen gingen als die Be-
neš-Dekrete in die Geschichte ein.

„Heim ins Reich!" hatten sich 1938 viele Sudetendeutsche gewünscht. Das bekamen sie nun von tschechischer Seite nachgeru-
fen. Die Vertriebenen wurden zu Fuß oder eingepfercht in Lastwa-
gen oder Güterzügen über die Grenze ins Ungewisse geschickt.
Auch die Deutschen, die den Nationalsozialismus abgelehnt hatten,
waren von dieser Kollektivstrafe betroffen. Für viele Familien hatten diese Transporte katastrophale Folgen. Insgesamt sollen - nach
deutschen Angaben - bis zu einer Viertelmillion Deutsche direkte
oder indirekte Opfer der Vertreibung geworden sein.

Heute leben in der Tschechischen Republik nur noch wenige Angehörige der deutschen Minderheit. Bei der letzten Volkszählung von
2011 waren es nach eigenen Angaben noch rund 18.700 Menschen.
Die Landesversammlung der Deutschen in Böhmen, Mähren und
Schlesien ist das Organ der Verbände der deutschen Minderheit in
der Tschechischen Republik. Sie vereint 23 selbstständig registrierte
Verbände und gibt die Landeszeitung heraus.

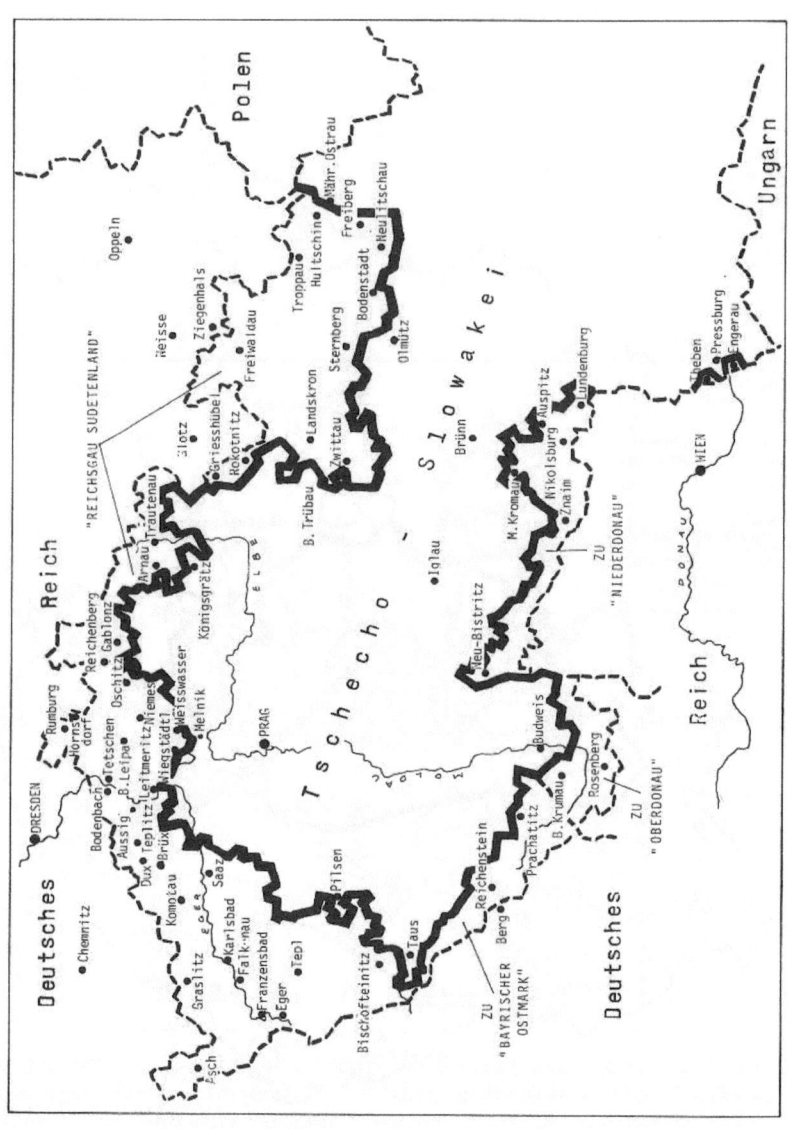

Abbildung 6: Die Grenze entsprach fast genau jener des Staatsratsbeschlusses Deutsch-Österreichs von 1918. Südmähren, Theben und Engerau kamen zu „Niederdonau", Südböhmen zu „Oberdonau", der größte Teil des Gebietes wurde zum „Reichsgau Sudetenland". (Sammlung Autoren)

Das Grenzdurchgangslager Radiumbad Brambach

Unmittelbar nach Kriegsende begann die sogenannte „wilde Vertreibung", begleitet von Plünderungen, Prügeln, Morden und Vergewaltigungen. Zur Erkennung und zum Zeichen der Demütigung mussten die Deutschen - wie die Juden in der Nazizeit - eine weiße Armbinde tragen, oft versehen mit einem „N" für Nemec/Deutscher. Viele Deutsche vertrieb man aus ihren Häusern und Wohnungen, pferchte sie in Lager oder in überfüllten Ghettos zusammen, entzog ihnen die Lebensmittelzuteilung, ließ sie schwerste, meist sinnlose Arbeiten verrichten und behandelte sie wie völlig rechtlose Sklaven. Die Konferenz von Potsdam bestätigte den Tschechen, wie auch den Polen, das Recht zur Vertreibung, doch wurde verlangt, dass sich die „Ausweisung" in „humaner und legaler" Weise vollziehe. Dennoch dauerte es ein halbes Jahr, bis dieser „Transfer" in halbwegs geordneten Bahnen verlief. Dafür wurden im Spätherbst 1945 in der Tschechoslowakei 107 sogenannte Aussiedlungslager als Sammel- und Quarantänelager eingerichtet, 75 davon bestanden allein in Böhmen. In diesen Lagern wurden die Vertriebenentransporte zusammengestellt. Jeder dieser Transporte, bestehend aus 40 gedeckten Viehwaggons mit jeweils 30 Personen, umfasste 1.200 Menschen und wurde vom tschechoslowakischen Militär bis zum jeweiligen deutschen Grenzbahnhof begleitet. Mitführen durfte jeder zwischen 30 und 50 Kilogramm seines persönlichen Eigentums. Das Gepäck wurde mehrfach kontrolliert und durch Beschlagnahmen dezimiert.

Auf deutscher Seite wurden in Grenznähe zahlreiche Sammelunterkünfte für die Flüchtlinge und Vertriebenen eingerichtet. In den Grenzdurchgangslagern wurden die Menschen zunächst aufgenommen, verpflegt, registriert und bekamen eine erste medizinische Versorgung, bevor sie auf die aufnehmenden Besatzungszonen verteilt wurden.

Das alles stellte natürlich auch die Gemeinden des Vogtlandes vor eine gewaltige Herausforderung. Der Landrat des Kreises Oelsnitz informierte am 5. Oktober 1945 die Bürgermeister von Adorf, Bad Elster, Bad Brambach und Oelsnitz, wie mit den Ankommenden zu verfahren ist.

Abbildung 7: Angehörige der Deutschen Reichsbahn vor dem Bahnhofsgebäude im Jahre 1946. Wie lange die kyrillische Übersetzung angebracht war, ist bisher unbekannt. (Sammlung Erhard Adler, Ortschronist Bad Brambach)

Betrifft: Flüchtlingslager in Kreis Oelsnitz

Um die Kompetenzen bei den verschiedenen täglich auftauchenden Fragen bezüglich der Einrichtung der Lager, der Betreuung der Flüchtlinge und der Weiterleitung abzustecken, geben wir folgendes bekannt:
1.)   Für die Einrichtung des Lagers an sich, für die Säuberung, Desinfizierung, Ausrüstung mit Betten und Strohsäcken usw., für die Installierung der dem Auffangvermögen des betreffenden Lagers entsprechenden Küche einschließlich erforderlicher Essgeschirre

usw. für die Beheizung der Läger usw. verantwortlich ist der Bürgermeister derjenigen Stadt, der das betreffende Lager unterstellt ist. Der Bürgermeister wird befugt, eventuell fehlende Geräte usw., deren Beschaffung auf Schwierigkeiten stößt, beschlagnahmen zu lassen, falls derartige Geräte als vorhanden aber zurzeit unbenutzt nachgewiesen werden.

2.) Für die die Untersuchung der das Lager passierenden Flüchtlinge und für die Ausstellung des Gesundheitspässe, für eine scharfe Kontrolle und eine getrennte Unterbringung der Kranken (Quarantäne-Lager) von den Gesunden, für die rechtzeitige Anforderung und Bereitstellung der Medikamente, für die Meldung im Falle bekannt gewordener ansteckender Krankheiten, für die Überweisung solcher Fälle in das Seuchenkrankenhaus zu Oelsnitz wie überhaupt für die Beachtung und Durchführung aller hygienischen und sanitären Maßnahmen verantwortlich ist der jeweilige Lagerarzt, der seinerseits dem Kreisgesundheitsamt untersteht und von diesem die Weisung zu erwarten und anzufordern hat.

Abbildung 8: Eines der seltenen Bilder aus dem Quarantänelager in Brambach.
(Sammlung Erhard Adler, Ortschronist Bad Brambach)

Sonderzüge mit Flüchtlingen, die das Gebiet durchfahren, ohne Flüchtlinge auszuladen, müssen vom Kreis Oelsnitz aus unter die Kontrolle eines Arztes gestellt werden. Da derartige Züge das Kreisgebiet in Radiumbad Brambach erreichen, hat Brambach einen Arzt zu stellen, derartige Züge nach Oelsnitz zu melden und vor allen Dingen das Ziel und den Weg dieses Zuges bekannt zu geben, damit der Nachbarkreis verständigt werden kann, um auch seinerseits Maßnahmen zur ärztlichen Betreuung des Zuges zu treffen. Der betreffende Arzt aus Brambach braucht dann nur bis in den Nachbarkreis mit dem Zuge zu fahren. Verantwortlich für die Einhaltung dieser Richtlinien ist Herr Dr. med. Sonntag jun., Brambach.

3.) Für die Durchführung und Beachtung aller Anordnungen des Lagerarztes, für die Betreuung von Kranken, namentlich der bettlägerigen in den Quarantäne-Stationen, für die Behandlung kleiner und unwichtiger Fälle usw. verantwortlich ist das Personal des Roten Kreuzes, das dem Fassungsvermögen des Lagers entsprechend in ausreichender Stärke vorhanden sein muss. Verantwortlich sind die Kreisstelle des Roten Kreuzes in Adorf bzw. die örtlichen Stellen des Roten Kreuzes zu Oelsnitz, Adorf, Bad Elster, Bad Brambach und Markneukirchen.

4.) Verantwortlich für die Beschaffung der für die Ernährung der Flüchtlinge erforderlichen Lebensmittel im Rahmen der von der Landesverwaltung vorgesehenen Ration ist das Kreisernährungsamt.

Das Ernährungsamt stellt den einzelnen Lägern und dem Auffangvermögen entsprechend zunächst Lebensmittel für 5 Tage zur Verfügung. Wird das Lager belegt, so wird auf Grund der dem Ausschuss nach Oelsnitz gemeldeten Zahlen dem Ernährungsamt Mitteilung gemacht, sodass Nachschub vorgesehen wird und zur gegebenen Zeit erfolgt. Anspruch der Läger auf Zuteilung kann nur im Rahmen der von Dresden vorgesehenen Sätze erhoben werden: 300g Brot und 250g Kartoffeln je Person und je Tag. Das Ernährungsamt gibt zusätzliche Mittel im Rahmen der Möglichkeiten.

Das Ernährungsamt ist verantwortlich für die rechtzeitige Beschaffung von Lebensmitteln und Anlieferung in den Lägern. Zwecks schneller Verständigung hat das Ernährungsamt den Namen des zuständigen Sachbearbeiters dem Ausschuss in allen Lägern bekannt zu geben.

5.) Verantwortlich für die rechtzeitige Meldung von Trecks, Trupps, Sonderzügen usw., die die Grenze überschritten haben, an den Ausschuss in Oelsnitz sind die Polizeileiter der Städte Oelsnitz, Adorf, Markneukirchen, Bad Elster und Radiumbad Brambach und zwar melden:

a) Oelsnitz: Alle Flüchtlinge, die bei Ebmath auf der Trasse von Rossbach die Grenze überschreiten;

b) Adorf / Bad Elster: Alle Flüchtlinge, die bei Bärenloh, auf der Straße von Rossbach, bei Bad Elster an der Straße von Asch die Grenze überschreiten;

c) Bad Brambach: alle Flüchtlinge, die dort auf den Straßen von Fleissen, Asch und Franzensbad die Grenzen überschreiten

d) Markneukirchen: Alle Flüchtlinge, bei die Wernitzgrün auf der Straße von Schönbach die Grenze erreichen und überschreiten.

Es ist Vorsorge zu treffen, dass die Benachrichtigung zügig erfolgt, entweder durch Kurier mittels Kraftrad, Fahrrad oder Telefon.

Auf die Genauigkeit aller Meldungen – namentlich in Bezug auf die Stärke der Truppe und auf die Art, ob per Bahn, ob per Last- oder Pferdewagen oder zu Fuß – wird Wert gelegt.

Die Posten sind ständig an den betreffenden Stellen zu belassen und zwar so lange im Rahmen des Gesamtstromes Flüchtlinge zu erwarten sind und kein Plan der Prager Stellen bekannt ist, demzufolge derartige Maßnahmen als überflüssig zu bezeichnen wären. Die Polizeileiter können durch eigene oder durch Kräfte der betreffenden Grenzgemeinden den Sicherungsdienst durchführen lassen.

6.) Alle Trecks, die in einer Stärke bis zu 300 Personen jeweils von den Kreislägern aus in Richtung Thüringen in Bewegung gesetzt werden, müssen von Polizeibeamten ausreichend begleitet werden. Verantwortlich sind jeweils die Polizeileiter der Städte, denen die Lager unterstellt sind. Die Trecks dürfen nur auf Grund einer Weisung des Ausschusses in Oelsnitz in Bewegung gesetzt werden.

Abbildung 9: Verlassen und unbelebt zeigt sich der Grenzbahnhof Bad Brambach heute. (Foto: Autoren, 2015)

7.)   Die Antifa – Ausschüsse der Städte Oelsnitz, Adorf, Bad Elster, Bad Brambach und Markneukirchen stellen für je 50 Insassen der Läger ihres Ortes eine zuverlässige, geeignete, antifaschistische Kraft zur Verfügung zwecks sozialer Betreuung der Flüchtlinge und Überprüfung derselben auf politische Verbrecher. Darüber hinaus unterstützen diese antifaschistischen Kräfte Lagerleitung, Lagerärzte und Rotes Kreuz bei der Betreuung und Zusammenstellung der Flüchtlinge zu Trecks. In Verbindung mit den Lagerleitern und dem Roten Kreuz sind eventuell Fußkranke oder schwache Leute festzustellen, die einen Marsch bis zu 15 oder 18 km täglich nicht mitmachen können. Für diese Leute muss eventuell Transportmöglichkeiten geschaffen werden. Soweit die Fahrbereitschaft keine Möglichkeit der Beschaffung von Transportraum hat, muss auf Bauernfahrzeuge zurückgegriffen werden. Verantwortlich für rechtzeitige Beschaffung sind die Antifa – Männer.

30

Abbildung 10: Voitersreuth/Vojtanov - der Grenzbahnhof auf tschechischer Seite. (Foto: Autoren, 2015)

8.) Die Zusammenstellung der Trecks, Erfassung derselben in Listen, Weiterleitung der Listen an die Polizeistelle, Weitergabe aller eingegangenen Meldungen über eingetroffene Trecks usw. an das Amt für Umsiedler in Dresden, Kontrolle über gleichmäßige Belegung der Läger und Entlastung derselben obliegt dem Ausschuss in Oelsnitz.

9.) Alle bei den unter 1 – 8 geschilderten Maßnahmen entstehenden Kosten gehen zu Lasten der Kreiskasse und sind vom Kreis zu erstatten. Der Kreis versucht, im Rahmen der Bereitwilligkeit der Landesverwaltung Sachsen diese Kosten mit Dresden zu verrechnen. *(Quelle: Historisches Archiv Oelsnitz, Gemeinde Radiumbad Brambach – 1334)*

In Bad Brambach, der ersten Bahnstation auf deutschem Gebiet nach der tschechoslowakischen Grenze, wurde neben den bestehenden Flüchtlingslagern ein Grenzdurchgangslager eingerichtet. Allein hier kamen in der Zeit vom 10. Juni bis 15. Oktober 1946 251 Vertreibungstransporte mit insgesamt 305.547 Deutschen aus der

Tschechoslowakischen Republik in die sowjetische Besatzungszone Deutschlands. Dies entsprach etwa 10 Prozent der Deutschen aus ihren Heimatgebieten in Böhmen und Mähren. Drei Kleinkinder im Alter von sieben Wochen, fünf Monaten und zwei Jahren sowie zwei ältere Vertriebene (67 und 70 Jahre alt) überlebten die Transporte nicht und wurden in Brambach bestattet.

Für viele dauerte der Aufenthalt in Brambach nur wenige Stunden. Nach einer Entlausung und Toilettenbenutzung ging es für sie weiter in die Auffang- und Verteillager in Thüringen und Sachsen-Anhalt. Lediglich Kranke wurden mit ihren Familien aus den Zügen in das hier eingerichtete Lager überführt und erst nach der Genesung weitertransportiert. Dazu mussten in Brambach vor allem Unterbringungsmöglichkeiten geschaffen werden. Für diesen Zweck wurden beispielsweise Räume der örtlichen Trikotagen-Fabrik genutzt. Am 10. Juni 1946, dem zweiten Pfingstfeiertag trafen die ersten 2.400 Menschen ein. Über die Vorbereitungen und angetroffenen Verhältnisse wurde die einheimische Bevölkerung über Zeitungen informiert. So war unter anderen zu lesen: „Der Leiter des hier geschaffenen Lagers führt uns durch die verschiedenen Räumlichkeiten. Etwa 1.500 doppelstellige Betten mussten hergestellt werden. Für das Zusammenschlagen der Bettenteile waren allein 8 Zentner Nägel nötig, deren Beschaffung große Schwierigkeiten machte. Auch die Beschaffung der 3.000 Strohsäcke und des Nötigsten stellte keine geringe Schwierigkeit dar. Die 350 Zentner benötigten Strohes mussten teilweise aus 50 - 60 km entfernt liegenden Orten herangefahren werden. Auch für das Polizeipersonal, das der Chef der sächsischen Polizei zusätzlich aus Zwickau für Brambach bereitgestellt hat, mussten Unterkunftsräume in der Trikotagenfabrik beschafft werden. Auch das Sanitätspersonal galt es, unterzubringen. Für die ehemalige Betriebsküche mussten weitere große Kessel ausfindig gemacht und besorgt werden. Auch der Einbau von Waschanlagen war erforderlich. Besonders wichtig war die Errichtung der nötigen Abortanlagen. Der weitaus größte Teil der Brambacher Handwerker hat in den letzten 5 Wochen Arbeiten für dieses Lager ausgeführt. Brambach ist dadurch in der Lage, eventuell bis zu 3.000 Umsiedler vorübergehend unterzubringen.

Abbildung 11: Der ehemalige Bahnhof Fleißen/Plesná ist heute nur noch ein unbedeutender Haltepunkt. (Foto: Autoren 2015)

Die ersten Züge werden gleich nach Thüringen weitergeleitet. Die Umsiedler der späteren Transporte, die für die Provinz Sachsen, Brandenburg und Mecklenburg bestimmt sind, werden in Brambach aussteigen und mit anderen bereitgestellten Zügen an ihre Bestimmungsorte gebracht werden. Da mit eventuellen Verzögerungen zu rechnen ist, wurde das eingangs erwähnte Lager bereitgestellt.

Auch Verpflegung für 3.000 Personen für 10 Tage ist immer vorrätig. Ein weiteres Ausweichlager mit einer Aufnahmefähigkeit von ebenfalls 3.000 Personen wird in Mühlhausen geschaffen."

Abbildung 12: Auszug aus der Streckenkarte der Kgl. Sächsische Staatseisen-
bahnen von 1911. Eine Besonderheit der Streckenführung ist der nochmalige
Grenzübertritt auf böhmisches Gebiet bei Fleißen/Plesná vor Erreichen des
ersten deutschen Bahnhofes in Brambach. (Archiv Autoren)

Ankunft des ersten Transportes

Am 10. Juni 1946 trafen die ersten 2.400 Menschen ein. Über dieses Ereignis berichtete ein nicht namentlich genannter Einwohner Brambachs: „Wir erleben, wie der erste Zug aus der Tschechoslowakei auf dem Brambacher Bahnhof einlief. In Brambach erfolgte die erste Betreuung der Umsiedler auf deutschem Boden. Durch das Sanitätspersonal – die Landesverwaltung hat 6 Ärzte und 48 Schwestern nach Brambach gesandt – wurden alle Waggons nach Kranken geprüft, da solche sofort ausgeladen und in einem besonderen Lager in Brambach untergebracht werden. Auch hierbei gilt der Grundsatz, dass Familien auf keinen Fall auseinander gerissen werden dürfen. Kaum war der Zug eingelaufen, da wurde schon heißer Tee für die Großen und Milch für die Kleinkinder an die Waggons gebracht. Verpflegung auf 4 Tage wird den Umsiedlern beim Grenzübertritt durch die tschechoslowakischen Behörden mitgegeben und ist jedes Mal in einem besonderen Waggon untergebracht. Hiervon wird in Brambach die erste Ration verteilt. Ganz besondere Freude löste es bei den Umsiedlern aus, dass Zeitungen und Zeitschriften, die die Volkssolidarität für sie aufgekauft hatte, ausgegeben wurden. Seit vielen Monaten hatten sie keine deutsche Zeitung mehr gelesen und brannten darauf, etwas über die Verhältnisse und den Neuaufbau bei uns zu erfahren.
Die Freude über all diese Zeitungen kann nur der ermessen, der sie miterlebt hat. Dies macht aber eine Bitte an die Bevölkerung des Kreises Oelsnitz notwendig. Der Volkssolidarität ist es infolge des Papiermangels nicht möglich, für die täglich durchreisenden Umsiedlertransporte die erforderlichen Zeitungen zu kaufen. Deshalb wäre es erfreulich, wenn recht viele ihre Tageszeitungen sofort, nachdem sie sie gelesen haben, zur Verfügung stellen würden. Es wird gebeten, diese bei den Ortgruppen der SED Oelsnitz, Adorf, Brambach, Bad Elster, Markneukirchen und Schöneck abzugeben, die dann für die Weiterleitung sorgen werden." [Quelle: Das Vogtland – Jahrbuch, Vogtländischer Heimatverlag Neupert, Herausgegeben von Kurt Röder 2008]

In einem vom Krieg gezeichneten Land, in dem nicht nur viele Städte zerstört und viele Menschen obdachlos waren, wurden die Vertriebenen nicht immer mit offenen Armen empfangen. Viel häufiger galten die Vertriebenen bei den deutschen Stadtverwaltungen und der alteingesessenen Bevölkerung als zusätzliche Belastung in ohnehin schweren Zeiten und wurden als Fremde nicht selten abschätzig bewertet. Nicht zuletzt herrschte unter den Alteingesessenen die Angst, die Vertriebenen könnten ihnen die Arbeitsplätze wegnehmen. Diese Sorge war jedoch unbegründet und so rückten die Heimatvertriebenen schnell ins Blickfeld der sich konsolidierenden Arbeitsämter. Diese waren von der Sowjetischen Militäradministration in Deutschland (SMAD) damit betraut worden, aus den Vertriebenen Facharbeiter herauszulesen und in die entsprechenden Länder zu vermitteln. In den Unterlagen der Stadt Brambach ist folgender Bericht erhalten: „In Brambach befinden sich Vertreter der verschiedenen Landesverwaltungen der sowjetrussischen Besatzungszone, die unter anderem Unterlagen mitgebracht haben, in welchem Maße bei ihnen Fachkräfte untergebracht werden können. Es ist unbedingt erforderlich, schon in Brambach Facharbeiter unter den Umsiedlern festzustellen, um sie an Stellen zu leiten, wo ihnen Arbeitsmöglichkeiten in ihrem Beruf geboten werden können. Das gilt vor allem für Bergleute, Metallarbeiter usw. Sie werden mit ihren Familien zunächst in Brambach untergebracht werden, bis eine größere Anzahl zusammengekommen ist, und dann in besonderen Transporten weitergeleitet.

Auf dem Bahnhofsgelände selbst sind unter den schwierigsten Bedingungen die für die sanitären Einrichtungen (Sanitätsräume, Entlausung, Aborte) notwendige Baracken geschaffen worden. Dies war deshalb für die betreffenden Arbeiter eine besonders anerkennenswerte Leistung, weil es sich bei den Arbeitskräften meistens um solche handelte, die früher in anderen Berufen tätig waren – sogar um eine große Anzahl Frauen."

Interessant sind die unterschiedlichen Stimmungen unter den Vertriebenen der einzelnen Transporte bei Ankunft in Bad Brambach. Im Archiv-Schloss Voigtsberg sind zwei Situationsberichte vom 17.

und 18. Juni erhalten, wie sie unterschiedlicher nicht sein könnten. In welchem Zusammenhang und in welchem Auftrag die Schreiben verfasst wurden, konnte von den Autoren leider nicht festgestellt werden.

Der erste Bericht beschreibt die Situation des Transportes aus Warnsdorf (tsch. Varnsdorf), einer Stadt im Norden Tschechiens an der unmittelbaren Grenze zu Sachsen.

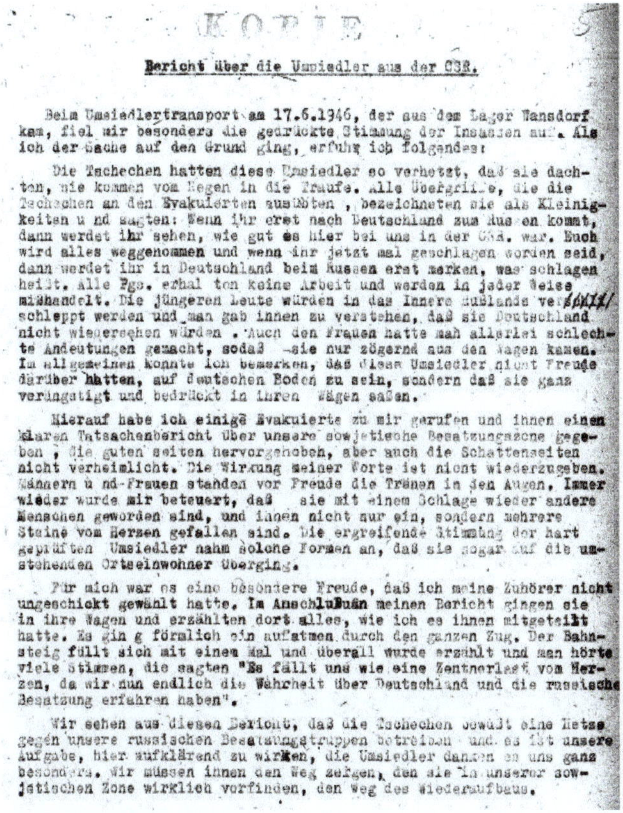

Abbildung 13: Stimmungsbericht I
(Quelle: Landratsamt Vogtlankreis, Außenstelle Oelsnitz, SG Archiv, Bestand Gemeinde Bad Brambach Nr. 1136)

Abschrift:

Bericht über die Umsiedler aus der CSR

Beim Umsiedlertransport am 17.6.1946, der aus dem Lager Wansdorf kam, fiel mir besonders die gedrückte Stimmung der Insassen auf. Als ich der Sache auf den Grund ging, erfuhr ich folgendes: Die Tschechen hatten diese Umsiedler so verhetzt, dass sie dachten, sie kommen vom Regen in die Traufe. Alle Übergriffe, die die Tschechen an den Evakuierten ausübten, bezeichneten sie als Kleinigkeiten und sagten: Wenn ihr erst nach Deutschland zum Russen kommt, dann werdet ihr sehen, wie gut es hier bei uns in der CSR war. Euch wird alles weggenommen und wenn ihr jetzt mal geschlagen worden seid, dann werdet ihr in Deutschland beim Russen erst merken, was schlagen heißt. Alle Pgs. [Pg. = Parteigenosse, umgangssprachlich für ein Mitglied der NSDAP - Anm. Autoren] erhalten keine Arbeit und werden in jeder Weise misshandelt. Die jüngeren Leute würden in das Innere Russlands verschleppt werden und man gab ihnen zu verstehen, dass sie Deutschland nicht wiedersehen würden. Auch den Frauen hatte man allerlei schlechte Andeutungen gemacht, sodass sie nur zögernd aus den Wagen kamen. Im Allgemeinen konnte ich bemerken, dass diese Umsiedler nicht Freude darüber hatten, auf deutschen Boden zu sein, sondern dass sie ganz verängstigt und bedrückt in ihren Wägen saßen.
Hierauf habe ich einige Evakuierte zu mir gerufen und ihnen einen klaren Tatsachenbericht über unsere sowjetische Besatzungszone gegeben, die guten Seiten hervorgehoben, aber auch die Schattenseiten nicht verheimlicht. Die Wirkung meiner Worte ist nicht wiederzugeben. Männer und Frauen standen vor Freude die Tränen in den Augen. Immer wieder wurde mir beteuert, dass sie mit einem Schlage wieder andere Menschen geworden sind, und ihnen nicht nur ein, sondern mehrere Steine vom Herzen gefallen sind. Die ergreifende Stimmung der hart geprüften Umsiedler nahm solche Formen an, dass sie sogar auf die umstehenden Ortsbewohner überging.

Für mich war es eine besondere Freude, dass ich meine Zuhörer nicht ungeschickt gewählt hatte. Im Anschluss an meinen Bericht gingen sie in ihre Wagen und erzählten dort alles, wie ich es ihnen mitgeteilt hatte. Es ging förmlich ein Aufatmen durch den ganzen Zug. Der Bahnsteig füllte sich mit einem mal und überall wurde erzählt und man hörte viel Stimmen, die sagten: „Es fällt uns wie eine Zentnerlast vom Herzen, da wir nun endlich die Wahrheit über Deutschland und die russische Besatzungszone erfahren haben."

Wir sehen aus diesem Bericht, dass die Tschechen bewusst eine Hetze gegen unsere russische Besatzungsmacht betrieben haben und es ist unsere Aufgabe, hier aufklärend zu wirken, die Umsiedler danken es uns ganz besonders. Wie müssen ihnen den Weg zeigen, den sie in unserer sowjetischen Zone wirklich vorfinden, den Weg des Wiederaufbaus.

Der zweite Bericht, nur einen Tag später verfasst, befasst sich mit einem Transport aus Glowatschy in der Slowakei. Leider scheint es sich hier um eine phonetische Wiedergabe zu handeln. Ein Ort mit diesem oder ähnlich klingenden Namen konnten die Autoren nicht ermitteln.

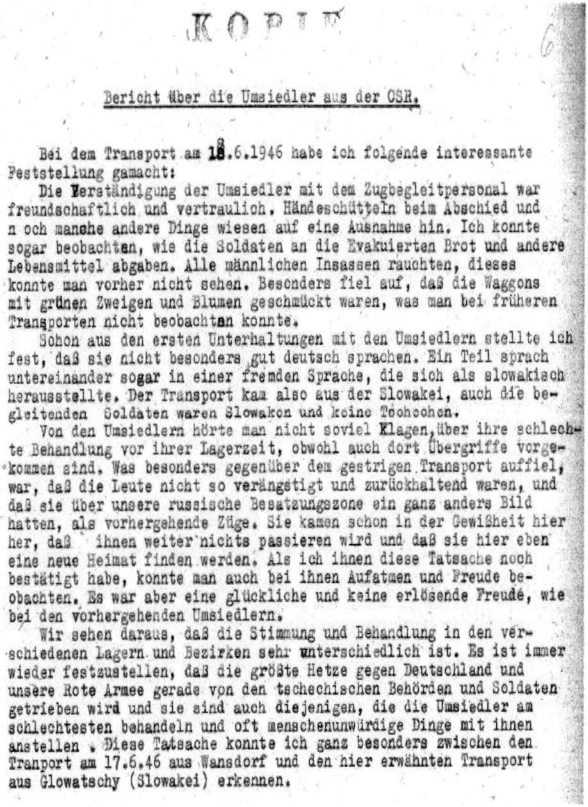

Bericht über die Umsiedler aus der CSR.

Bei dem Transport am 18.6.1946 habe ich folgende interessante Feststellung gemacht:

Die Verständigung der Umsiedler mit dem Zugbegleitpersonal war freundschaftlich und vertraulich. Händeschütteln beim Abschied und n och manche andere Dinge wiesen auf eine Ausnahme hin. Ich konnte sogar beobachten, wie die Soldaten an die Evakuierten Brot und andere Lebensmittel abgaben. Alle männlichen Insassen rauchten, dieses konnte man vorher nicht sehen. Besonders fiel auf, daß die Waggons mit grünen Zweigen und Blumen geschmückt waren, was man bei früheren Transporten nicht beobachten konnte.

Schon aus den ersten Unterhaltungen mit den Umsiedlern stellte ich fest, daß sie nicht besonders gut deutsch sprachen. Ein Teil sprach untereinander sogar in einer fremden Sprache, die sich als slowakisch herausstellte. Der Transport kam also aus der Slowakei, auch die begleitenden Soldaten waren aus der Slowakei und keine Tschechen.

Von den Umsiedlern hörte man nicht soviel Klagen, über ihre schlechte Behandlung vor ihrer Lagerzeit, obwohl auch dort Übergriffe vorgekommen sind. Was besonders gegenüber dem gestrigen Transport auffiel, war, daß die Leute nicht so verängstigt und zurückhaltend waren, und daß sie über unsere russische Besatzungszone ein ganz anders Bild hatten, als vorhergehende Züge. Sie kamen schon in der Gewißheit hier her, daß ihnen weiter nichts passieren wird und daß sie hier eben eine neue Heimat finden werden. Als ich ihnen diese Tatsache noch bestätigt habe, konnte man auch bei ihnen Aufatmen und Freude beobachten. Es war aber eine glückliche und keine erlösende Freude, wie bei den vorhergehenden Umsiedlern.

Wir sehen daraus, daß die Stimmung und Behandlung in den verschiedenen Lagern und Bezirken sehr unterschiedlich ist. Es ist immer wieder festzustellen, daß die größte Hetze gegen Deutschland und unsere Rote Armee gerade von den tschechischen Behörden und Soldaten getrieben wird und sie sind auch diejenigen, die die Umsiedler am schlechtesten behandeln und oft menschenunwürdige Dinge mit ihnen anstellen. Diese Tatsache konnte ich ganz besonders zwischen den Tranport am 17.6.46 aus Wansdorf und den hier erwähnten Transport aus Glowatschy (Slowakei) erkennen.

Abbildung 14: Stimmungsbericht II
(Quelle: Landratsamt Vogtlankreis, Außenstelle Oelsnitz, SG Archiv, Bestand Gemeinde Bad Brambach Nr. 1136)

Abschrift:
Bericht über Umsiedler aus der CSR.

Bei dem Transport am 18.6.1946 habe ich folgende interessante Feststellung gemacht:
Die Verständigung der Umsiedler mit dem Zugpersonal war freundschaftlich und vertraulich. Händeschütteln beim Abschied und noch manche andere Dinge wiesen auf eine Ausnahme hin. Ich konnte

sogar beobachten, wie die Soldaten an die Evakuierten Brot und andere Lebensmittel abgaben. Alle männlichen Insassen rauchten, dieses konnte man vorher nicht sehen. Besonders fiel auf, dass die Waggons mit grünen Zweigen und Blumen geschmückt waren, was man bei früheren Transporten nicht beobachten konnte.

Schon aus den ersten Unterhaltungen mit den Umsiedlern stellte ich fest, dass sie nicht besonders gut deutsch sprachen. Ein Teil sprach untereinander sogar in einer fremden Sprache, die sich als slowakisch herausstellte. Der Transport kam also aus der Slowakei, auch die begleitenden Soldaten waren Slowaken und keine Tschechen.

Von den Umsiedlern hörte man nicht so viele Klagen über ihre schlechte Behandlung vor ihrer Lagerzeit, obwohl auch dort Übergriffe vorgekommen sind. Was besonders gegenüber dem gestrigen Transport auffiel war, dass die Leute so verängstigt und zurückhaltend waren und dass sie über unsere russische Besatzungszone ein ganz anderes Bild hatten, als vorherige Züge. Sie kamen schon in der Gewissheit hier her, dass ihnen weiter nichts passieren wird und dass sie hier eben eine neue Heimat finden werden. Als ich ihnen diese Tatsache noch bestätigt habe, konnte man auch bei ihnen Aufatmen und Freude beobachten. Es war aber eine glückliche und keine erlösende Freude, wie bei den vorhergehenden Umsiedlern.

Wir sehen daraus, dass die Stimmung und Behandlung in den verschiedenen Lagern und Bezirken sehr unterschiedlich ist. Es ist immer wieder festzustellen, dass die größte Hetze gegen Deutschland und unsere Rote Armee gerade von den tschechischen Behörden und Soldaten getrieben wird und sie sind auch diejenigen, die die Umsiedler am schlechtesten behandeln und oft menschenunwürdige Dinge mit ihnen anstellen. Diese Tatsache konnte ich ganz besonders zwischen den Transporten am 17.6.1946 aus Wansdorf und den hier erwähnten Transport aus Glowatschy (Slowakei) erkennen.

Zeitzeugen erzählen

Horst Siegel:
Der bei Königsberg an der Eger/Kynsperk nad Ohří verunglückte Transport

Der Transport Nummer VIII aus dem Sammellager Trübenwasser/Kalná Voda erreichte das Grenzdurchgangslager Radiumbad Brambach am 20.06.1946.

Horst Siegel, geboren 1934 in Lampersdorf im böhmischen Riesengebirge, verbrachte seine Kindheit in Lampersdorf. 1946 musste Familie Siegel ihre Heimat verlassen. Der Bahntransport erfolgte über das Grenzdurchgangslager Radiumbad Brambach nach Thüringen. Noch auf tschechischer Seite verunglückte dieser Zug bei Königsberg an der Eger. Sein Vater, Josef Siegel, fertigte darüber unmittelbar danach Notizen an.

In der neuen Heimat errichtete die Familie ein Neubauerngehöft. Der junge Mann fand Gefallen am Bauen und erlernte den Maurerberuf. Anschließend besuchte er als 17-jähriger Maurer die Arbeiter- und Bauernfakultät, wurde damit Student der Hochschule für Architektur und Bauwesen Weimar (heute Bauhaus-Universität), studierte und diplomierte dort an der Fakultät Architektur und verließ sie Anfang der 1960er Jahre als promovierter Architekt.
Horst Siegel ging in die Baupraxis und nutzte die Chance, bei anspruchsvollen Planungs- und Bauaufgaben in Halle-Neustadt und insbesondere während der 70er/80er Jahre in Leipzig als verantwortlicher Architekt mit beteiligt gewesen zu sein. Gleichzeitig wirkte er als Hochschullehrer (Professur) an der TU Dresden und später auch in Weimar an seiner ehemaligen Ausbildungsstätte. In den 90er Jahren war er in Thüringen als Freier Architekt tätig.
Heute lebt Horst Siegel im „Unruhestand" in Weimar.
Die Aufzeichnungen entstanden nach Erinnerungen des Vaters, Herrn Josef Siegel (1898 -1980).

Meine Kindheit

Mein Lebensweg begann am 04. Mai 1934 in Lampersdorf/Riesengebirge. Dort besuchte ich auch von 1940 bis 1944 die Grundschule. Ich war ein interessierter und engagierter Schüler, was sich allerdings nicht immer in meinen Schulzeugnissen widerspiegelte. Aber die erbrachten Leistungen müssen dann doch über dem Durchschnitt gelegen haben, denn ich erhielt die Möglichkeit, ab Herbst 1944 nach Schatzlar in die Bürgerschule „zu gehen". Dorthin „ging" ich dann täglich − und das im wahrsten Sinne des Wortes - meistens allein etwa zwei bis drei Kilometer zu Fuß über „Stock und Stein", über Felder und Wiesen sowie durch den Wald. Nach wenigen Monaten war es damit jedoch vorbei. Der zurückführende Frontverlauf am Ende des Zweiten Weltkrieges warf seine Schatten voraus. Das Schulgebäude wurde Behelfslazarett, und der Unterricht beendet.

In Lampersdorf selbst gab es für die normalen sportlichen Aktivitäten günstige Bedingungen. Wintersport war für uns selbstverständlich. Auch ich stand seit meinem dritten Lebensjahr auf den „Brettern". Das Schulgebäude verfügte über eine großzügige Turnhalle und der Sportplatz war ebenfalls in der unmittelbaren Nähe. Mein Herz schlug jedoch für den Segelflug an den Südhängen des Riesengebirges. Aber dazu kam es nicht mehr. Die Ostfront näherte sich und die Rote Armee zog auch durch unsere Ortschaften.

Das Kriegsende

Ende Mai 1945 nahmen die Tschechen meinen Geburtsort in Besitz. Mein Vater, Josef Siegel, ist als erfahrener Bergmann seit 1930 Mitglied der Rettungsmannschaft des Steinkohlebergwerks gewesen. Aufgrund dieser Tätigkeit wurde er vom Wehrdienst freigestellt und entging dem Kriegsdienst. Trotzdem ist er von den Tschechen im Februar 1946 verhaftet worden. Im Mai erfolgte in Trautenau, zusammen mit anderen Deutschen, eine mehrtägige Gerichtsverhandlung. Etwa die Hälfte der dort Angeklagten wurde nicht verurteilt. Der Freispruch war jedoch mit der Auflage verbunden, zu evakuieren; dazu gehörte auch mein Vater. Er kam gleich in das Aussiedlungslager nach Jungbuch, in die Fabrikhallen der ehemals ersten und modernsten Flachsgarnspinnerei Europas.

Dorthin folgte am 31. Mai 1946 auch meine Mutter, allein mit den fünf Kindern. Für das Verlassen von Haus und Hof hatten wir nur etwa zwei Stunden Zeit. Wir durften pro Person maximal fünfzig Kilo an Gepäck mitnehmen. Ein tschechischer Bauer fuhr uns mit einem offenen Pferdewagen von Lampersdorf in das etwa fünfzehn Kilometer entfernte Sammellager in Jungbuch. Während der Fahrt gab es mehrere heftige Gewitter. Es regnete durchgehend so stark, dass wir und unser Gepäck völlig „durchgeweicht" waren und mit Regenwasser „voll getränkt" eintrafen. Bei der Ankunft wurde nun gleich alles gewogen und wir brachten verständlicherweise zu viel ‚nasse' Gepäckstücke auf die Waage. Wir mussten uns von vielen Sachen trennen, damit wir auf die vorgegebenen maximal fünfzig Kilo pro Person kamen.

Bajuware oder Thüringer?
Anfang Juni 1946: Am 1. Juni erfolgten die abschließenden Untersuchungen mit dem Ziel, uns in der ersten Juni-Woche nach Bayern zu evakuieren. Jedoch am Vorabend der Abreise erkrankten einige Kinder und der Transport wurde um zwei Wochen verschoben. Unberührt von der Verzögerung mussten wir erneut durch die Kontrolle und über die Waage. Nun hatten wir Erfahrungen gesammelt und führten weniger Kilo an Gepäck bei uns, als die vorgegebenen fünfzig Kilo pro Person. Wir trugen einfach mehr „Stoff" unmittelbar am Körper - und das Körpergewicht wurde ja nicht mit erfasst. Unser Gepäck durfte wieder aufgestockt werden. Jetzt schickten uns die Tschechen endgültig „Heim ins Reich". Es ging allerdings nicht nach Bayern, sondern nach Thüringen!

18. Juni (früh 06.00 Uhr): Abfahrt des Transportzuges (1946/Nummer VIII) vom Sammellager Jungbuch bzw. Bahnhof Trübenwasser in Richtung „Sowjetische Besatzungszone". Es waren 41 geschlossene Waggons, belegt jeweils mit 30 Personen (insgesamt 1.230 Personen), und wir fuhren zunächst über Königsgrätz, Melnik, Aussig und Königsberg an der Eger.

19. Juni (früh 04:30 h): Zugunglück bei Königsberg. Unser Zug hatte einen Zusammenstoß mit einem anderen Rangierzug. Mein Vater notierte sich dazu folgendes: „Am 19. Juni 46 um ½ 5 Uhr bei Königsberg ein Zugunglück, der 4., 5. und 6. Waggon waren umgeworfen, der 3. und 7. Waggon die Stirnwand eingedrückt. Viele Kinder, Frauen und Männer waren im Waggon eingeschlossen, konnten sich nicht selbst befreien. Es mussten erst von außen die Bretter eingeschlagen werden. Zum Schreck waren 7 Tote, 2 Schwer- und 18 Leichtverwundete. (An anderer Stelle seiner Notizen macht er noch folgende Angaben: Ein Toter soll aus Schatzlar gewesen sein, Alois Lustinetz, und andere, ein Mann, eine Frau und zwei Kinder aus Parschnitz). Die Toten wurden am selben Tage beerdigt, die anderen ins Krankenhaus nach Königsberg gebracht. Wir waren im 13. Waggon".

Mit etwa 14 Stunden Verspätung ging es am gleichen Tag abends gegen 19 Uhr weiter über Franzensbad, Bad Brambach - zunächst bis Altenburg.

20. Juni: Ankunft in Altenburg. Dort trafen wir etwa halb 10 Uhr ein. Der ganze Transport wurde untersucht und entlaust. Etwa gegen 23 Uhr ging es weiter über Weimar nach Erfurt.

21. Juni: Ankunft in Erfurt. Wir kamen gegen 6:40 Uhr hier an. Der Zug wurde in Erfurt halbiert. Die ersten 20 Waggons (wir waren in Nummer 13 und somit hier dabei) sind auf die Strecke nach Schlotheim geschickt worden und die anderen fuhren nach Meiningen.

Wir trafen am 21. Juni nachmittags in Schlotheim ein und luden unsere Sachen aus, denn wir dachten, nach dreitägiger Bahnfahrt seien wir nun am Ziel angekommen. Das war es aber noch nicht. Denn der dortige Lagerleiter fragte, ob jemand Lust habe, nach Bad Frankenhausen / Kyffhäuser zu gehen. Wir meldeten uns, denn mein Vater wusste, dass sich dort die „Goldene Aue", befindet; also fruchtbares Land. Insgesamt waren 52 Personen bereit, weiter mit dorthin zu fahren.

21. Juni (gegen Mitternacht 24:00 h): Ankunft in Bad Frankenhausen/Kyffhäuser von Schlotheim kommend! Abfahrt gegen 16:00 Uhr in Schlotheim und kamen über Ebeleben, Sondershausen, Nordhausen etwa 24 Uhr in Bad Frankenhausen an. Hier endete für uns die

Umsiedlerfahrt vom Riesengebirge bis zum Kyffhäusergebirge. Wir blieben 18 Tage in Bad Frankenhausen, bis geklärt werden konnte, in welchem Ort unsere endgültige „Bleibe" sein wird. Es traf das sechs Kilometer von Bad Frankenhausen entfernte Dorf: Esperstedt/Kyffhäuser.

Nun waren wir am Ziel angekommen: in Barbarossas Land, in der „Goldenen Aue". Wir, das waren mein Vater (48 Jahre), meine Mutter (39) sowie fünf Kinder. Es wurde über mehrere Stunden nach einer Bleibe für uns gesucht; aber keiner der Bauern wollte der großen Familie eine Unterkunft gewähren. Nach längerem Hin und Her sind wir im Obergeschoss der Sanitätsstation des Dorfes untergebracht worden. Dort haben wir in einem größeren Raum über mehrere Monate die Tage verbracht und auf den Dielen geschlafen, da keine Betten zur Verfügung standen. Es war eine sehr schwere Zeit, an die ich mich nicht gern erinnern möchte – obwohl man sie nie vergessen sollte.

In den ersten Monaten baten wir Kinder bei den Bauern des Dorfes und der Umgebung um Brot und gingen mit den Eltern auf die Stoppelfelder, um Ähren zu lesen. Ein mitleidiger Dorfbewohner, der die Dreschmaschine für das Getreide bediente, gab uns die Möglichkeit, täglich die Reste aus dem untersten „Fach" zu entnehmen. Die Körner wurden gesammelt und sind dann für Mehl oder Schrot eingetauscht worden, um davon Suppe zu kochen. So hatten wir in der neuen Heimat zunächst unser „Täglich-Brot". Erschwerend kam hinzu, dass ich den Thüringer Bauerndialekt kaum verstand und die Einheimischen mit meiner schlesischen Aussprache auch nicht viel anzufangen wussten. Und so bemühte ich mich, nach „der Schrift" zu sprechen – darunter verstand man in der Regel „hochdeutsch" – um sich besser verständigen zu können.

Im Juni 1947 erhielten wir etwa sieben Hektar Bodenreformland auf dem ehemaligen Flugplatzgelände. Damit waren wir „Neubauern" geworden. Anfangs schoben wir - gemeinsam mit dem Vater – den Wagen auf das Feld, da wir uns zwar schon einen Bauernwagen leisten konnten, aber noch keine Kuh hatten, die den Wagen zog. Auch dies wurde irgendwann gelöst und wir begannen Mitte 1948 das übliche, standardisierte Neubauerngehöft zu bauen. Obwohl es nie ganz fertig gestellt war, zogen wir Ende April 1949 dort ein und ich wurde Thüringer.

		Vagon 13.			
Středisko: Okres: Mladé Buky		Сборное место Уезд Jungbuch	Sammelstelle: Kreis: Jungbuch		
Trutnov		Trautenau	Trautenau		
Poř. č. Jméno a příjmení № п. п. Имя и Фамилия L. Z. Name u. Vorname	Rok nar. Год. рожд. Geb.-J.	Muž, žena, dítě do 12. Мужчина, женщ., дитя Mann, Weib, Kind bis 12.	Bydliště Место жительства Wohnort	Povolání Профессия Beruf	Примечание Bem.

No.	Name	Geb.	Mann/Weib	Wohnort	Beruf
1.	Tum Josef	1872	Mann	Altenbuch	Landwirt
2. " Julie		1878	Weib	"	in Haushald
3.	Rindl Wilhem	1889	Mann	"	Maurer
4. "	Mathilda	1893	Weib	"	in Haushald
5.	Wunsch Marie	1901	Weib	"	in Haushald
6.	Kühnel Ignac	1861	Mann	"	Inwalid
7.	Siegel Josef	1898	Mann	Lanpersdorf	Landwirt
8. "	Anna	1907	Weib	"	in Haushald
9. "	Horst	1934	Mann	"	Kind
10. "	Walter	1937	Mann	"	Kind
11. "	Roswitha	1939	Weib	"	Kind
12. "	Adolf	1941	Mann	"	Kind
13. "	Karin	1943	Weib	"	Kind
14.	Knauer Wilhemina	1891	Weib	Jungbuch	Landwirtin
15. "	Franz	1921	Mann	"	Landwirt
16. "	Walter	1931	Mann	"	Landwitr
17. "	Waltraud	1926	Weib	"	Landwirtin
18.	Scharm Augusta	1884	.eib	"	Arbeiterin
19.	Frenzel Franz	1875	Mann	"	Landwirt
20.	Wohlang Gerda	1937	Weib	"	Kind
21. "	Heinz	1939	Mann	"	Kind
22. "	Monika	1941	Weib	"	Kind
23. "	Frantzizka	1907	Weib	"	in Haushald
24.	Bönisch Ernst	1908	Mann	Schwatrzwasser	Arbeiter
25. "	Elisabeth	1907	Weib	"	in Haushald
26. "	Dieter	1936	Mann	"	Kind
27. "	Ursula	1944	Weib	"	Kind
28.	Scharf Berta	1869	Weib	"	in Haushald
29.	Lahmer Marta	1907	Weib	Niedersoor	im Haushalt
30. "	Horst	1940	Kind	"	Kind

Abbildung 15: Personenliste (Auszug) mit Familie Siegel (Nr. 7-13), Waggon 13, VIII. Transport am 17./18. Juni 1946 vom Sammellager Trübenwasser, Bezirk Trautenau.
(Quelle: Statní okresní archiv Trutnov/Staatliches Bezirksarchiv Trautenau, Fond Okresní národní výbor Trutnov/Fonds Bezirks-Nationalausschuss Trautenau, Karton 148)

Otto Weiss:
Letzte Wochen in Arnau - Die Entfremdung der Heimat (Auszug)

Der Transport Nummer X aus dem Sammellager Hohenelbe/Vrchlabí erreichte das Grenzdurchgangslager Radiumbad Brambach am 12.07.1946.

Otto Weiss, geboren 1932 in Arnau an der Elbe im böhmischen Riesengebirge.
Volksschule bis 7.Klasse in Arnau. Vertreibung mit Mutter und Schwester (Vater vermisst). Mit Verlassen von Arnau endet Kindheit. In der neuen Heimat Abschluss 8. Klasse. Berufsausbildung mit Abschluss Bauschlosser. Hochschulreife auf Arbeiter- und Bauernfakultät. Studium Humanmedizin in Halle und Greifswald. Dr. med. Facharzt für Sozialmedizin, später auch für Allgemeinmedizin. Kreisarzt im Kreis Klingenthal, Bezirksarzt Bezirk Karl-Marx-Stadt. Akademie für Ärztliche Fortbildung, hier Honorardozent und Professor, bis 1990 stellvertretender Direktor. Medizinalrat, Obermedizinalrat.
1990/91 arbeitslos. Ab 1991 Niederlassungsleiter in Berlin bei Dr. Weiss & Partner GmbH Institut für Aus- und Weiterbildung Markneukirchen.
Vorstandsmitglied im Heimatkreis Hohenelbe / Riesengebirge e. V. Sitz Marktoberdorf.
Otto Weiss lebt heute mit seiner Familie in Berlin.

Im Januar oder Februar 1946 war Großmutter Weiss mit Tante Mariechen nach Bayern ausgesiedelt worden. Dabei sah ich die Großmutter das letzte Mal im Leben. Nach der Aussiedlung von Tante Regi, der älteren Schwester meines Vater und ihrer Familie, waren wir schon fast allein in Arnau/Hostinné zurückgeblieben.

Bei unseren Spaziergängen und Dienstwegen nach Arnau, in die Stadt meiner Vorfahren und meiner Geburt, die ich wie meine Hosentasche kannte und in der ich mich mit meinen schönen Jugendjahren immer sehr wohlgefühlt habe, vollzog sich in der Lagerzeit eine eigenartige Metamorphose, die in mir eine sonderbare zwiespältige Gefühlswelt erzeugte. Da waren einerseits die alten trauten Gassen und Berge, die bekannten Geschäfte und die stets fließende Elbe mit Fauna und Flora mit vielen Erinnerungen und Bildern. Aber durch die Wegnahme der eigenen Wohnung, unseres gesamten Besitzes und der Unterbringung in einem durch stupide Arbeit langweiligen und unpersönlichen Lager, mit Einschränkung der Bewegungsfreiheit, der spürbaren Unterdrückung alles dessen, was bisher lieb und teuer war, kam eine Distanz zu meiner Heimatstadt auf, die durch das zunehmende Fehlen bekannter Menschen und der gleichfalls zunehmenden anderssprachigen Bevölkerung ein unangenehmes Gefühl der Fremdheit hervorriefen.

Das war 1946 schon nicht mehr meine Heimatstadt und sie war es doch!

Als Dreizehnjähriger begann ich erstmals selbständig über meine Situation, über die Ereignisse des letzten Jahres, über Tod und Verschleppung, Unmenschlichkeit und Schikanen der Sieger nachzudenken und da ich mit den politischen Veränderungen seit dem 8. Mai 1945 nur Negatives für mich und meine Lieben erlebt hatte, suchte ich nach gravierenden, alles in Frage stellenden Auswegen. Ich habe damals an eine Flucht allein nach Deutschland nachgedacht, sie dann aber doch aus Angst vor dem Scheitern und den bekannten daraus resultierenden Strapazen und Repressalien wieder aufgegeben.

Das ist wichtig hier geschildert zu werden, denn daraus ergaben sich für mein späteres Verhalten und meine weitere Entwicklung entscheidende Schlüsselpunkte. So erzeugte die komplizierte psychologische Situation in mir den dringenden Wunsch nach Veränderung. Ich wollte mit aller Gewalt fort aus dieser Enge, aus der Unfreiheit und Fremdheit. Instinktiv, so meine ich heute, ahnte ich, dass es für mich unter diesen Bedingungen keine Entwicklung mehr geben konnte, so wollte ich einfach raus. Ein schlimmes Erlebnis im Lager beschleunigte diese Wünsche und die weitere Entwicklung.

Die Schussverletzung

Das Frühjahr 1946 kam und mit ihm eine leichte Besserung der Versorgung für die arbeitende deutsche Bevölkerung. Mutter erzählte, dass sie im Monat ein Kilo Fleisch bekam. Das teilte sie in drei Teile, sodass wir dann an drei Wochenenden ein etwas besseres Essen machen konnten. Brot gab es zu dieser Zeit in Böhmen bereits wieder in ausreichender Menge. Auf Anraten anderer Leute, die aus der Post von bereits vertriebenen Familien wussten, dass in Deutschland nach dem Krieg großer Hunger herrschte, begannen die Einwohner des Lagers Brot zu kaufen, sie in kleine Würfel zu zerschneiden und sie zu trocknen. Damit bereitete man sich mit den geringen Möglichkeiten, die man hatte, auf eine Minderung der Strapazen der Vertreibung vor. Wir Jungs streiften in unserer Freizeit unterhalb Arnau im Tal der Elbe umher. Besonders im Frühjahr 1946 wanderten wir einmal bis Karlseck, dann das Tal in Öls hinauf. In einem Bach fanden wir viele Forellen und ich konnte mit der Technik, die mir Mutter beigebracht hatte und die sie selbst in den Bächen um Poschwitz erprobte, einige fangen. Dann kam aber ein Bauer mit der Peitsche und wir mussten schleunigst davonlaufen. Mit den Forellen konnten wir den Speisezettel weiter etwas abwechslungsreicher gestalten.

Im Lagergelände stand an der Giebelwand der großen Werkhalle ein Süßkirschenbaum. Wir hatten uns schon im Frühjahr 1946 an der schönen Blüte erfreut. Als sich nun die Kirschen zu röten begannen und wir beim Holzsägen immer die lieblichen runden Dinger vor unseren Augen hatten, wollten wir etwas davon haben. So bin ich in aller Stille auf den Baum geklettert und habe von den herrenlosen Früchten einige gepflückt. Wir konnten uns damals kein Obst leisten, Mutters Lohn reichte gerade zum Leben. Wir Jungs hatten dadurch verständlicherweise einen großen Appetit auf die Früchte, und da ich am besten klettern konnte, saß ich im Baum und warf meinen Freunden die gepflückten Kirschen hinunter.

Das hatte aber der Posten gesehen. Was wir nicht sehen konnten war, dass er schleunigst in sein Dienstzimmer rannte und das dort vorhandene Gewehr holte. Ohne Warnung schoss er in den Baum und traf. Ich hörte aus der Baumkrone den Schuss, sah meine

Freunde schnell davonrennen, ahnte nichts Gutes, und rutsche eilig den Stamm hinunter um in den Papierballen der Werkhalle zu verschwinden. Erst dort bemerkte ich mein blutiges Bein und mit der Erkenntnis getroffen zu sein, setzte ein starker Schmerz ein. Wir verbunden das Bein notdürftig, stillten die Blutung und viel später humpelte ich in den großen Wohnraum und kroch sofort ohne jemanden etwas zu sagen in mein Bett. Mutter kam am Abend von der Arbeit nachhause und meine Kameraden hatten sie schon abgefangen und ihr den Hergang des Geschehens genau erzählt. Ich dachte schon, ich erhalte die gewohnte Standpauke und einige Ohrfeigen dazu, so finster und entschlossen stand Mutter vor mir. Sie packte das Bein aus, sah sich die Wunde an, fragte nach dem Verbleib des Geschosses. Als sie erfuhr, dass bisher keinerlei Anstrengungen unternommen wurden, um etwas zu tun, die Kugel noch in meinem Bein steckte, hieß mich Mutter Hosen, Hemd und Schuhe anziehen. Sie ging mit mir zum Posten Herrn P. und was dann passierte, kann man nur mit dem bekannten Beispiel des Kampfes der Löwin um ihre Jungen vergleichen.

Der Posten musste sich von einer todesmutigen Frau eine Standpauke anhören, die er sicher auch nie vergessen hat. Da war die Rede von einen unmöglichen Mann, der wegen ein paar Kirschen auf Kinder schoss und ob er wohl auch auf seine beiden eigenen halbwüchsigen Töchter angelegt hätte, und so viel Unvernunft hätte Mutter noch nicht erlebt, und schließlich hätte er den verletzten Jungen mit der Kugel im Bein auch noch sich selbst überlassen. Die Kanonade endete in der kategorischen Forderung nach der Vorstellung bei einem Arzt und der notwendigen Operation.

Der Partisan, als der er sich gerne selbst ausgab, mit Phantasieuniform, Patronengürtel und Pistolentasche, wurde sich offenbar selbst erst einmal seiner und meiner Situation bewusst. Ich glaube, dass ihn ihm doch Angst vor einer Anzeige oder möglichen Untersuchung durch Vorgesetzte beschlich, denn seine Reaktion wies darauf hin. Schweigend hatte er die ziemlich laut vorgetragene Kritik meiner Mutter hingenommen. Er hätte die Macht gehabt, meine Mutter hinauszuwerfen oder gar wegen der ungebührlichen Reaktion einem Sieger gegenüber einzusperren. Beides tat er nicht. Er verteidigte oder rechtfertigte sich auch nicht. Er verlangte von mir, dass ich mich auf seinen Schreibtisch legte und dann untersuchte er meine Wunde. Ich hatte den Eindruck, dass er etwas davon verstand. Das erste Mal sprach er deutsch zu uns und erklärte, dass es nur eine Fleischwunde sei. Er holte eine Pinzette aus einer Tasche und bei vollem Bewusstsein, ohne jegliche lokale oder vollständige Betäubung, fuhr er damit, gegen den Protest meiner Mutter, tief in die Wunde, erwischte tatsächlich das Projektil und holte es heraus. Es verschwand sofort in seiner Hosentasche. Das Corpus Delicti war beseitigt.

Ich hatte dabei furchtbare Schmerzen ausgestanden, war halb bewusstlos und die Tränen rannten über die Wangen. Dann säuberte der Posten die Wunde mit einer brennenden Flüssigkeit, legte einen ordnungsgemäßen Verband an und trug mich ins Bett. Nachts, so bemerkte meine Mutter, kam er alle zwei Stunden, fühlte, ob ich Fieber hatte und kam auch die kommenden Tage öfter an mein Bett. Er lobte mich wegen meiner Tapferkeit und grinste mich freundlich an, als sei alles nur eine Lausbubentat gewesen. Die Wunde heilte ohne Probleme nach wenigen Tagen, als Arzt würde ich sagen „prima" aus. Ich hatte großes Glück, denn die Kugel hatte nur die Weichteile oberhalb meines rechten Kniegelenks getroffen, keine Gefäße, keinen Knochen und keinen Nerven.

Das Ereignis hatte mehrere ganz unterschiedliche Wirkungen. Einmal verbesserte sich das Verhältnis zwischen Wache und Lagerinsassen ganz erstaunlich. Fortan saßen die Posten häufig an unserem langen Tisch und scherzten mit den Erwachsenen, besonders aber mit den hübschen Mädchen auf unserer Seite. Sie spendierten Zigaretten an die Männer und gaben sich als Biedermänner, die schließlich auch nur ihren Dienst täten. Sie sprachen beide ein ganz gutes Deutsch, dass sie mehr als ein halbes Jahr verleugnet hatten.

Für mich war der Schuss in mein Bein das Fanal für den Aufbruch zu neuen Ufern. Ich wollte nun mit aller Macht fort. Mich hielt nur noch mein Freund Eri. Auf Mutter redete ich täglich ein, doch zum Narodni vibor zu gehen und um die Aussiedlung nachzusuchen. Sie tat es schließlich auch, wenn auch nur mit halben Herzen.

Die endgültige Vertreibung

An einem Sonnabend im Juli erfuhren die Familie Cermann, damit mein Freund Eri und einige andere, dass sie Anfang der Woche bei dem nächsten Transport dabei wären. Mutter hatte man dagegen am Freitag aufgefordert, um die tschechische Staatsbürgerschaft nachzusuchen und ein entsprechendes Gesuch zu unterschreiben, damit sie für immer mit den Kindern in Arnau bleiben konnte. Wie sie später immer wieder erzählte, empfand sie diese Aufforderung als Ohrfeige für die einjährige erniedrigende Behandlung durch die Tschechen und die bösen Erinnerungen nach dem Zusammenbruch des Hitlerreiches.

Sie konnte nicht unterschreiben. Wir glaubten außerdem damals felsenfest daran, dass unser Vater bereits irgendwo in Deutschland auf uns warten würde. Für mich waren das schwere Stunden an diesem Wochenende, wo ein beachtlicher Teil der Lagerinsassen sich zum Abtransport rüstete. Man tauschte Erinnerungsfotos aus, versicherte sich ewige Freundschaft und war ob des nahen Abschieds auch ein bisschen traurig. Mutter ging am Montag wie gewohnt zur Arbeit und für mich häufte sich ein Berg Holz auf dem Vorplatz des Lagergebäudes, das zersägt und gespalten werden wollte. Leider musste ich nun diese Arbeit ohne unser eingearbeitetes Team mit Eri bewältigen.

Eine Stunde später kam Mutter angerannt. Sie war zum Schichtbeginn in die Verwaltung der Fabrik gerufen worden und dort hatte sie erfahren, dass sie mit ihren Kindern für eine andere Familie bei dem anstehenden Transport dabei sein sollte.

Mich erfasste bei dieser Mitteilung geradezu eine Glückseligkeit. Mit einem Schrei begrüßte ich diese Entscheidung. Nun ging es mit meinen Freunden und ihren Familien hinaus in die große Welt! Die neuen Ufer rückten in greifbare Nähe. Ich freute mich unbändig. Ich will es nicht verleugnen, eine gehörige Portion Abenteuerlust war wohl auch dabei. Aber will man das einem jungen Menschen verübeln, der sich missachtet, geknechtet und unterdrückt weiß?

Mutter und mich trennten in diesen Stunden Welten. Sie empfand bei aller Befreiung von Drangsalierung und nationaler Unterdrückung auch die Schmach der Vertreibung, den Verlust der Heimat, ihrer Habe und was war mit ihrem Mann?

Aber es half nichts. Sie musste für ihre Kinder nach vorn sehen, denn zweitrangige Tschechen sollten sie nicht werden. Lieber ins Altreich unter Deutsche. Es ging in eine völlig ungewisse Zukunft. Ein Trost war dabei, und das hat sie später oft wie eine Losung gebraucht: Schlimmer kann es doch nicht kommen! Rasch waren unsere wenigen Habseligkeiten verstaut und gepackt, alles mit Namen versehen. Ich erinnere mich, dass ich einen blauen Pappkoffer seit der ersten Vertreibung mein eigen nennen konnte, auf dem ich mit einem feinen Pinsel mit Silberbronze, die ich irgendwo aufgetrieben hatte, meinen Namen (damals noch mit „ß") schrieb und noch den Heimatort „Arnau" darunter setzte.

Den Koffer hatte einst mein Vater erstanden. So nahm ich das gute Stück mit nach Deutschland, verwahrte jahrzehntelang mein bestes Werkzeug darin und trennte mich erst in den 1980er Jahren aus nostalgischen Gründen von ihm, als er langsam zerfiel und völlig unansehnlich war. Mein blauer Koffer, ein Stück Erinnerung an die Heimat, ein erstes Stück Besitztum, eine Reliquie in die neue Heimat hinübergerettet.

Dann ging es wieder los. In Reih und Glied antreten, Gepäck aufnehmen und mit bewaffneter Eskorte zum Bahnhof, der Gott sei Dank nur um die Ecke war. Ein kurzer Blick zurück auf Weggefährten und Gebäude, die ein ganzes schweres Jahr das Leben mit uns teilten bzw. in schönen und schweren Tagen unsere Wohnung und unser Schutz war. Wieder nahm uns ein Güterzug auf. Er brachte uns nach Deutschland. Diese Vertreibung war endgültig und ohne Rückkehr. Als der Zug sich in Bewegung setzte, zog das Panorama der gesamten Stadt wie im Film nochmals an uns vorbei. Ich sah die prominenten Gebäude der Kloster- und Dekanalkirche, den Schornstein der Elbemühle, den Töpferberg mit dem Wasserspeicher und den herrlichen Kastanien. Über die Elbe und den Mühlbach schimmerte das hellgraue Gebäude, in dem wir jahrelang gewohnt hatten, durch die Bäume. Da dachte ich an die Jahre, die ich mit Eltern, Verwandten und Freunden hier verlebt hatte. Bilder stiegen in mir auf von der Schule, dem Portiunkalafest mit den vielen Buden und

Verkaufsständen, dem Zirkus auf der Wiese vor unserer Wohnung und die Forellen in der Elbe. Wehmut stieg auf, aber auch die Hoffnung auf ein neues und besseres Leben. Was würden die nächsten Tage und Wochen wohl bringen? In der Tür des Güterwaggons stehend, ging es unaufhaltsam in Richtung Deutschland und das brachte Freude und Neugier. Aber die Kindheit war mit diesem Augenblick vorbei.

Die Odyssee von Arnau nach Köthen

Die Fahrt ging zunächst wieder nach Hohenelbe in das große Sammellager, dass man für die Vertreibung der Deutschen auf einem Sportplatz errichtet hatte.

Zwei Tage später, an einem wunderschönen Sommertag, wurden wir diesmal in geschlossene Güterwaggons verfrachtet. Sie rochen noch würzig nach Viehzeug und Stroh. In unserem Gefährt waren vorwiegend ältere Leute untergebracht und man hatte weniger Leute hineingestopft. Das hatten internationale Proteste zur „humanen Aussiedlung" bewirkt. Das brachte uns Kinder den Vorteil, dass wir uns zwischen den Gepäckstücken ausstrecken und schlafen konnten. Die Erwachsenen saßen an die Wände gelehnt und dösten vor sich hin.

Bei geöffneten Schiebetüren verfolgten wir nun die Fahrt über Pelzdorf, Paka und Turnau nach Bömisch-Leipa. Die Stationen der Fahrt sind so genau erhalten geblieben, weil unsere Mutter in einem schmalen Büchlein exakt alle Stationen festgehalten hat und diese Aufzeichnungen heute noch im Familienarchiv vorhanden sind. Als der Zug die Höhen von Turnau erreichte, hatten wir, bei einer wunderbaren Fernsicht, einen einmaligen Ausblick. Dieses Bild hat sich wieder in mein Gedächtnis eingegraben. Das Riesengebirge lag zum Greifen nahe. Der gewaltige Schwarze Berg, Ziegenrücken und die Koppe begrüßten uns ein letztes Mal. Wir sangen ergriffen und überwältigt von den schönen heimatlichen Bergen das Riesengebirgslied und alle weinten dabei. Das Massiv des Schwarzen Berges geleitete uns noch ein Stück des Weges in die fremde Welt, die wir uns nicht ausgesucht noch gewünscht hatten.

Von der Fahrt mit dem Güterwaggon habe ich viele detaillierte Erinnerungen. Der lebenshungrige junge Bursche sog die neuen und interessanten Bilder wie ein Schwamm in sich hinein. So fuhren wir an einem großen See mit Segelbooten und vielen Badenden vorbei und ich wollte nicht begreifen, dass sich Menschen vergnügen, während wir die Heimat verlassen mussten. Ich sehe noch den blauen Himmel, die weißen Boote und die befremdlich wirkenden lustigen Badegäste.

Die Fahrt ging weiter über Komotau nach Karlsbad. Das erst Mal sah ich das Weltbad mit wunderschönen Patrizierhäusern, den Kolonnaden des Bades und die schönen Stadtalleen. Vom hochgelegenen Bahnhof, auf dem wir lange Zeit standen, sah man das unzerstörte barocke Zentrum der Stadt. Alles sah schön und ordentlich aus. Hier hatte der Krieg keine Wunden geschlagen. Böhmen war weithin vom Krieg verschont geblieben.

Der Zug fuhr über Eger und Bad Brambach in die Ostzone Deutschlands. Später werde ich aus Unterlagen der Archive der tschechischen Regierung erfahren, dass die Fahrt des Zuges in den Osten Deutschlands bereits bei der Abfahrt aus dem Riesengebirge vorprogrammiert war. Unvergesslich für uns alle war die Grenze bei Brambach. Der Bahndamm sah aus wie zur Winterzeit. Zu Hunderten lagen da die weißen Armbinden, die jeder Deutsche zu tragen hatte. Jetzt befreiten sich die Leute von diesem diskriminierenden Zeichen der Rache und Willkür. Man hätte sie aufheben sollen, aber kaum einer tat das. Zu verhasst war dieses Stigma der Besiegten.

Mit Plauen sahen wir die erste zerstörte Stadt und Bangen erfasste uns über unsere weitere Zukunft. Da ragten die Ruinen in den Himmel und in den noch nicht aufgeräumten Straßen sah man wenige Menschen. Dann ging es wohl über Reichenbach und Werdau nach Altenburg. Davon hat Mutter aber nichts aufgeschrieben. Ihre Aufzeichnungen beginnen erst wieder mit Rehmsdorf.

In diesem kleinen Dorf zwischen Altenburg und Zeitz lud man uns aus und wir verbrachten die Nacht unter freiem Himmel. Wir hatten Glück. Mutter erzählte mir später, dass es eine schöne warme Sommernacht war mit einem prächtigen Sternenhimmel und wir bereiteten an den Gleisen ein großes Nachtlager.

Das war die erste Nacht in Deutschland auf unserem Gepäck.

Am nächsten Morgen wurde ein neuer Zug für uns bereitgestellt. Er bestand aus alten Personenwagen der Deutschen Reichsbahn. Mutter vermerkte als weitere Orte, die wir passierten u.a. Zeitz, Reutlen, Pegau, Eithra, Leipzig, Schkeuditz, Gröbers, Diskau, Halle an der Saale, Zöberitz, Nienburg, Stumsdorf und am 14. Juli 1945 erreichten wir die Kreisstadt Köthen im tiefsten Sachsen-Anhalt.

Vier Tage und Nächte verbrachten wir unterwegs in den Zügen und sehr häufig standen wir auf einem Nebengleis viele Stunden lang und ließen Güter- und überfüllte Personenzüge passieren. Einige Male bekamen wir von Rot-Kreuz-Schwestern warmen Tee. Probleme gab es mit der Notdurft. Man durfte sich vom Zug nicht weit entfernen, weil niemand wusste, wann es wieder weiter ging.

Quarantäne in Köthen

Man sagte uns immer wieder, dass uns keiner haben wollte, denn überall hatte man schon die Schlesier und Pommern, Ostpreußen und Sudetenländer zuhauf aufgenommen und die Turnhallen und Notunterkünfte waren überfüllt.

Während mein Eindruck von Böhmen der eines Landes in tiefstem Frieden war, sahen wir jetzt allerorten die gewaltigen Zerstörungen der angloamerikanischen Bombergeschwader und kaum Personen. Als hätten sie sich alle verkrochen wegen des verlorenen Krieges.

In ersten Gesprächen mit Zaungästen und Passagieren auf den Bahnhöfen unterwegs hörte man eine tiefe Verzweiflung aus den Worten der Leute heraus. Keiner glaubte damals, dass Deutschland in absehbarer Zeit wieder zu einem blühenden Staatswesen werden könne. Der letzte Tag unserer Irrfahrt kam. Schon in der Nacht hielt der Zug endgültig und wir waren in der „neuen Heimat" angekommen. In Mutters Büchlein steht unter dem 14. Juli 1946: Köthen, 11 Uhr abends alles ausgeladen und ins Lager geschafft, um 3 Uhr Schlafen.

Ich habe noch den penetranten Geruch nach stinkendem Diesel der alten Bulldozer in der Nase, mit denen uns die Bauern mit ihren Anhängern mitten in der Nacht vom Köthener Bahnhof in das Lager schafften. So ging die Odyssee aus dem Riesengebirge nach Sachsen-Anhalt zu Ende.

Hier bezogen wir gemeinsam mit vielen anderen bei Kerzenschein in der Barackenstadt gegenüber dem zerbombten Junkers-Flugzeugwerk ein großes Zimmer und schliefen erschöpft und übernächtigt das erste Mal wieder etwas gesitteter ein. Nach Hohenelbe, Hackelsdorf und Arnau sind wir wieder einmal im Lager gelandet. Da wir hierbei bereits einschlägige Erfahrung haben, fällt uns die Eingewöhnung nicht schwer. Eri und ich inspizieren das Lager, das erheblich größer ist, als wir es aus Arnau verlassen haben. Eine Reihe langer Baracken, dazu ein Küchentrakt, Wäscherei und Desinfektion. Wir müssen erst einmal mit dem gesamten Gepäck zur Entlausung. Unser Hinweis, dass wir keine hätten, wird völlig missachtet. Alles in einen großen Raum, getrenntes Duschen und Einstäuben mit Läusepulver. Gepäck und Bekleidung werden gesondert stark erhitzt, um mögliche kleine Quälgeister zu entfernen. Das wird jetzt alles mit deutscher Gründlichkeit betrieben.

Da aber nicht gleichzeitig auch die Räume desinfiziert und von Ungeziefer befreit wurden, kamen nachts kleine, nicht ganz linsengroße, braune Tierchen, die uns Serien von stark juckenden Bissen zufügten. Das Lager war total verwanzt! Da ist uns nicht nur der Schlaf gestört und die Kinder kratzten und scharrten die Bissstellen, weil sie so entsetzlich jucken, sondern weil man am nächsten Tag ganze Serien rote Quaddeln hat und sich ihrer an Hals und Beinen fürchterlich schämt.

Acht Jahre später werde ich während des Medizinstudiums in der Hygienevorlesung hören, dass die gemeine Bettwanze auch Krankheiten übertragen kann und mich mit Schaudern an die Zeit im Köthener Lager erinnern.

Bereits am ersten Tag erfahren wir, dass wir uns in Quarantäne befinden. Was dies bedeutet merken wir auch sofort, denn wir müssen enttäuscht feststellen, dass das Lager gut bewacht wird und wir unter keinen Umständen hinaus in die Stadt dürfen. Wir hatten uns so auf einen ersten Spaziergang durch das wenig zerstörte Köthen gefreut. Mutter hatte eine ganze Menge alten deutschen Geldes, das zum beachtlichen Teil von der Großmutter stammte, aus Böhmen herausgeschmuggelt und wir freuten uns schon darauf, etwas dafür kaufen zu können. In der Heimat war die Reichsmark gleich nach dem Zusammenbruch Hitlerdeutschlands ungültig und die Kronen wieder eingeführt worden. Die Verpflegung war äußerst dürftig. Die Schöpfkelle Suppe und das Stückchen Brot, was wir als Tagesration erhielten, machte einen vierzehnjährigen Jungen nicht satt. Wir hungerten entsetzlich. Da war es nicht verwunderlich, dass wir bald ein Loch im Zaun entdeckten und so in die Stadt gelangten. Köthen machte keinen schlechten Eindruck auf mich. Schöne Straßen und ordentliche Häuser. Eine imponierende gotische Kirche und alte, zum Teil romanische Häuser im alten Teil der Stadt, dazu kleine winklige Gassen. Es war ein sauberes Städtchen und mit Trautenau zu vergleichen, nur fehlen die Berge ringsumher. Wir sind auf dem flachen Lande. Zu kaufen gibt es aber wenig ein Jahr nach dem Kriege.

Schnell haben wir mit dem „Hotel zum Bären" eine Gaststätte gefunden, wo man eine markenfreie Suppe erhält, die uns recht gut mundet. Als Lagerinsassen haben wir leider keinen Anspruch auf Lebensmittelmarken. So schlendern wir am Bahnhof vorbei wieder Richtung Lager. Als wir das Lager gerade wieder durch den „Notausgang" betreten haben, erscheint ein Polizist und will uns am illegalen Verlassen des Geländes hindern. Wir fügen uns sofort, stimmen seiner Aufforderung zu und gehen lächelnd in unsere Baracke zurück. Das wird nun für die nächste Zeit unsere Ersatzheimat, bis wir wieder nachhause dürfen.

...

Berlin, 2015

Středisko:			Сборное место 12. VII. 1946		Sammelstelle:		
Okres:			Уезд		Kreis:		Vrchlabí
				37			Vrchlabí

Poř. č. № п. п. L. Z.	Jméno a příjmení Имя и Фамилия Name u. Vorname	Rok nar. Год. рожд. Geb.-J.	Muž, žena, dítě do 12. Мужчина, женщ., дитя Mann, Weib, Kind bis 12.	Bydliště Место жительства Wohnort	Povolání Профессия Beruf	Pozn. Примечание Bem.
1	Stum ✓Gertrude	1899	N	Hostinné	Angestellte	
2	Schneider Friedrich	1859	M		Rentner	
3	✓Marie	1867	W		Haushalt	
4	Leder ✓Franz	1878	M		Gärtner	
5	✓Marie	1880	W		Haushalt	
6	Wagner ✓Hilde	1899	W		Armenhäuslerin	
7	Demel ✓Gisela	1876	W		"	
8	Patzelt ✓Anton	1898	M		Landwirt	
9	✓Marie	1905	W		"	
10	✓Marlies	1938	K		Schülerin	
11	✓Herbert	1943	K		Kind	
12	✓Alfons	1931	M		Landw.	
13	Schober ✓Rudolf	1899	M		Fabr.Arb.	
14	✓Maria	1901	W		Haushalt	
15	Weiss ✓Johanna	1907	W		"	
16	✓Otto	1932	K		Schüler	
17	✓Helga	1941	K		Kind	
18	Rudel ✓Heinrich	1881	M		Arbeiter	
19	Puschmann ✓Elsa	1907	W		Verkäuferin	
20	Rumler ✓Marie	1897	W		Angestellte	
21	Nenka ✓Franz	1885	M		Arbeiter	
22	✓Anna	1915	W		Haushalt	
23	✓Margarete	1920	W		"	
24	Staffa ✓Josef	1913	M		Bäcker	
25	✓Berta	1907	W		Haushalt	
26	✓Anna	1876	W		"	
27	Hahn ✓Marie	1911	W		Arbeiterin	
28	✓Irmlinde	1939	K		Schülerin	
29	Falge ✓Wenzel	1876	M		Schmied	
30	Drescher ✓Franziska	1891	W		Haushalt	

Abbildung 16: : Personenliste (Auszug) mit Familie Weiss (Nr. 15-17), Waggon 37, X. Transport am 11. Juli 1946 vom Sammellager Hohenelbe.
(Quelle: Státní okresní archiv Trutnov / Staatliches Bezirksarchiv Trautenau; Ankunft im Grenz-durchgangslager Radiumbad Brambach als Transport Nr. 67 am 12.07.1946; Sächsisches Staatsarchiv, Hauptstaatsarchiv Dresden)

Franz Fenzl:
Vertreibung aus Ringelberg

Der Transport mit der Nummer XIX ab Sammellager Tachau / Tachov erreichte das Grenzdurchgangslager Radiumbad Brambach am 24.08.1946.

Erinnerungen von Franz Fenzl (Bittereranresn-Franz), geboren 1930 in Ringelberg Nr. 75 im Egerland (heute Horní Výšina, westlich der Stadt Tachov/Tachau gelegen) mit freundlicher Genehmigung von Sibylla Teuke, Eurasburg.

Totaler Krieg
Mit der Erklärung des „Totalen Krieges" wird die totale Niederlage eingeleitet und beschleunigt.
Die letzten Anstrengungen und Maßnahmen sollen den „Endsieg" bringen.
1. Wehrpflicht bis 60 Jahre und Volkssturm von 15-65 Jahre.
2. Die 60-Stundenwoche wird eingeführt (3 Wochen nach Beginn meiner Lehre in Tachau)
3. Jahrgang 1928 wird gemustert und Nov./Dez. eingezogen.
4. Jahrgang 1929 wird im März '45 gemustert. Angeblich melden sich mehr als 90%, „freiwillig". Auch von ihnen wird noch ein Teil einberufen.
5. Standrecht für flüchtige Kriegsgefangene und fahnenflüchtige deutsche Soldaten. Nächtliche Volkssturmstreifen, ausgerüstet mit KK-Gewehren, sollen Flüchtige dingfest und nötigenfalls vom Standrecht Gebrauch machen.
6. Versorgung wird reduziert und in Dekaden freigegeben, aber es braucht noch niemand hungern.
7. Behelfsheime für Ausgebombte müssen gebaut werden (in Ringelberg, zwei Berliner Familien wohnen darin).

Auswirkungen
Bald ist die Lage aussichtsloser und der totale Krieg spürbar. Die Gefallenenmeldungen häufen sich und „Heldengedenkfeiern" gelten gleich mehreren Opfern. Anglo-amerikanische Bomberstaffeln

überfliegen Deutschland fast ungestört (auch Ringelberg) auch am Tage zu ihren Zielen. Angriffe auf Eger, Pilsen, Nürnberg, Dresden sind zu sehen und zu spüren. Zum ersten Bombenabwurf eines vereinzelten Bombers kam es im Nov. '44 ohne nennenswerten Schaden in der Flur zwischen Stiebenreith und Tachau. Ich schaue mir die Bombentrichter an und finde auch Bombensplitter, scharf wie Messer, und bekomme einen Eindruck von der Wirkung dieser Waffe.

Am 20.01.'45 kommt es zu einem Luftkampf über Ringelberg. Ich sehe brennende Flugzeuge abstürzen in Richtung Planer Brand und Heiligenkreuz. Ein anderes brennendes im Tiefflug über Ringelberg, das in der Scheune von Gruber Nr. 81 einschlägt. Scheune und Flugzeug mit Pilot verbrennen.

Am 14. Februar 1945 erlebe ich den überraschenden Angriff auf Tachau in der Hausdurchfahrt Untere Gasse 106 (Heidenreich) mit Einschlägen in Nachbargebäuden. Bin zwar unverletzt, aber total verstört und zwei Wochen nicht arbeitsfähig. Es gibt viele Tote und Verletzte, zerstörte und brennende Häuser.

Ende Februar, Anfang März greifen Tiefflieger einen Zug auf der Fahrt vom Südbahnhof zum Hauptbahnhof an. Es gibt wieder Tote und Verletzte.

Flüchtlinge

Anfang Januar 1945 kommt die Front aufs Reichsgebiet. Flüchtlinge aus Schlesien und der Slowakei kommen nach Ringelberg. Sie werden vorerst in der Schule und im Gasthaus Träger Nr. 10 untergebracht und dann im Ort verteilt. In fast jedem Haus sind Flüchtlinge zugeteilt und mitfühlend aufgenommen. Bei uns waren 2 ältere Frauen aus Breslau und Ohlau. Bei Kraus Nr. 36 eine Frau mit Kindern. Sie verursachten den Brand im Juni 1945, worauf Anna Kraus von den Tschechen einige Wochen in Haft genommen wurde.

Volkssturmausbildung und Einsatz

Im Winter 1944/45 wurden sonntags im Gasthof Moißl in Hals Schulungen des Volkssturms durchgeführt. Leiter dieser Schulung war der Oberlehrer Müller aus Hals. Ein kriegsverletzter Feldwebel zeigte die Funktion von Karabiner, Pistole, LMG und Panzerfaust. Eine solche wurde auch mal auf dem Sportplatz in Hals auf eine Stahltafel abgefeuert.

Für den Ringelberger Volkssturm ist Richard Schmidgunst Nr. 49 zuständig. Eingesetzt wird der Volkssturm zu nächtlichen Kontrollstreifen, Panzersperrenbau, Schützenlöcher graben und zuletzt als Melder. Mein Einsatz als solcher war Ende April mit einem Berliner (Behelfsheim Ringelberg) am Lugelhof in Heiligen bei Tachau. Dort war ein Befehlsstand von Wehrmacht, RAD und Volkssturm (Oberlehrer Müller). Als wir von ihm zu einem Einsatz nach Paulusbrunn aufgerufen wurden, werden wir von ihm geohrfeigt, weil wir ohne Fahrrad gekommen waren (mein Kamerad hatte keines). Andere aus Schönwald mussten diese Meldung übernehmen. Wir wurden am nächsten Tag nicht mehr abgelöst und verließen den Standort in Richtung Ringelberg. Der Volkssturm ist den Gesetzen der Wehrmacht unterworfen. Auf Fahnenflucht steht Standrecht.

Neue Alarmbestimmung, Truppenbewegung und Frühjahrsbestellung

Nach dem Angriff auf Tachau flüchten viele bei Alarm in den Wald nahe Tachau. Manche Tage waren wir mehr im Wald als auf dem Arbeitsplatz. Bald wird erst Alarm gegeben direkt vor Eintreffen der Bomber. Zum Glück kommt es zu keinem weiteren Angriff auf Tachau in das Durcheinander fliehender Menschen. Die Zahl der Opfer wäre viel größer als beim 1. Angriff gewesen.

Ende März – Anfang April fahren nachts Kolonnen von Wehrmachtsfahrzeugen Richtung Westen. Am Tage halten sie sich im Wald versteckt zum Schutz vor Tieffliegern.

Nun ist es Zeit zur Frühjahrsbestellung. Die Menschen fragen sich, ob das überhaupt möglich ist und wenn nicht, von was wir in Zukunft leben sollen. Es wird zaghaft versucht, wenn mal eine Weile die „Luft rein" ist. Aber so schnell wie die Tieffliger auftauchen, kann man vom Feld nicht weg. Als nichts passiert, wird weiter gearbeitet. Ich erinnere mich, dass wir Kartoffeln legten, während 3-4 Tieffliger im Kreis Marienbad angriffen.

KZ-Haftlinge

Anfang April kommen auf dem Bahnhof Tachau Transporte mit KZ-Häftlingen aus Buchenwald an. Einige sind bereits tot, andere kommen auf dem Marsch nach Flossenbürg um. Zur Verstärkung der Wachmannschaft auf dem Marsch nach Flossenbürg werden Leute von SA und Partei herangezogen. Ich selbst sah etwa vier LKW beladen mit diesen erbärmlichen Gestalten durch die Untere Gasse fahren. Ich werde diesen Anblick nicht vergessen. 235 liegen in einem Massengrab auf dem jüdischen Friedhof begraben. Heute erinnert ein Denkmal am Nordrand von Tachau an diese Opfer. Es wird erschreckend offenkundig, was vorher gemunkelt, aber kaum für möglich gehalten wurde. Erdrückend sind die menschliche Grausamkeit, die eigene Hilflosigkeit und die bange Frage, was geschieht uns, wenn uns Rache trifft.

Die letzten Kriegstage

Ende April rückt die Front näher und man kann schon Kanonendonner hören. In der Flur von Thiergarten, Brand, Frauenreith, Sorghof und Hals gehen deutsche Geschütze in Stellung. Zuletzt in Ringelberg – Jägerhäuser am Westrand des Waldstückes hinter Gruber Nr. 83. Eigentlich wollte man es an unserer Scheune in Stellung bringen, aber Vater und unsere Nachbarn konnten das abwenden. Wie recht sie hatten, zeigte sich nachher. Die leicht abfallende Waldwiese zum Grommerebach war voller Einschläge und der Wald am Bach nur noch Stümpfe. Welche Opfer hatte es im Ortsteil Jägerhäuser gegeben. In Hals und Frauenreith wurden einige Gebäude getroffen und brannten.

Bei der deutschen Wehrmacht zeigen sich Auflösungserscheinungen. Kleinere Gruppen von Soldaten sind zu Fuß unterwegs in und aus Richtung Front. Manche haben schon weiße Tücher bei sich. In der Nacht zum 1. Mai schlafen zwei Soldaten in unserer Scheune. Am Morgen liegen etwa 5cm Schnee. Die Artilleriegefechte werden immer heftiger. Nachbarn rücken in massiveren Gebäuden zusammen (wir im Stall bei Gruber Nr. 26). In der Nacht vom 3. zum 4. Mai tritt Stille ein. Draußen hört man Fahrzeuggeräusche und Stimmen.

Soldaten berichten vom Tod Hitlers und diskutieren über die Verbindlichkeit ihres Fahneneides. Sie ziehen sich Richtung Planer Brand zurück. Es ist die einzige Möglichkeit, denn Tachau ist schon seit 02.05. von den Amerikanern besetzt.

Besetzung von Ringelberg am 5. Mai 1945
In den Vormittagsstunden ist das Rattern von Panzern zu hören. Wir sehen aber keine. Bald darauf kommen amerikanische Soldaten von Haus zu Haus, die MP im Anschlag, und fragen nach deutschen Soldaten und dann gleich nach Eiern. So verlief die Besetzung im Ortsteil Jägerhäuser und sicher in den anderen auch. Es ging so schnell, dass kaum Zeit blieb, ein weißes Tuch herauszuhängen. Nur im Wald Richtung Planer Brand hörte man noch Schusswechsel.
Ob eine offizielle Übergabe der Gemeinde an die Besatzung erfolgte, ist mir nicht bekannt.

Friede
Nachdem Ringelberg und Umgebung besetzt ist, ist die unmittelbare Gefahr vorbei. Aus den Nachrichten weiß man, dass Deutschland bis auf kleine Gebiete von den Alliierten Streitkräften besetzt, der Krieg verloren und in einigen Tagen zu Ende sein wird.
Am 9. Mai wird die bedingungslose Kapitulation bekanntgegeben. Es ist Frieden!
Zu gleicher Zeit läuten in allen Orten eine Stunde lang die Glocken. Dankbare Freude, tiefe Trauer und banges Hoffen erfüllt die Herzen der Menschen.
Freude, weil dieser Völkermord vorbei ist und man selbst überlebt hat.
Trauer, über Opfer an Menschenleben, besonders in den betroffenen Familien.
Hoffen, auf gesunde Heimkehr von Ehemännern, Söhnen und Brüdern und auf eine bessere Zukunft.

Abbildung 17: Ringelberg, gesehen vom Ortsteil Häuser um 1940.

Quelle: Archiv Sibylla Teuke.

Amerikanische Besatzung

Im Gasthaus Träger Nr. 10 hat eine Gruppe amerikanischer Soldaten einige Wochen Quartier bezogen. In den ersten 3-4 Tagen auch
bei Hampl Nr. 52 und eventuell auch in anderen Häusern der anderen Ortsteile von Ringelberg. Am Hang des Glasberges vor Hals bis
an die Frauenreither Straße hinter Hals war ein Feldlager mit Zelten,
Panzern, verschiedene Kriegsgeräte, LKW und Jeeps bis etwa Mitte
Juni stationiert. Das Plateau dient als Flugplatz. In Heiligen und in
den Villen der Schiller Straße von Tachau ist ebenfalls amerikani-
sches Militär einquartiert. Am Luglhof in Heiligen waren Schlag-
bäume und Kontrollposten.

Das Sagen hat der Militärkommandant mit Sitz im Café Neubauer
am Markt. Seine ersten Weisungen:
• Abgabe von Waffen und Munition
• Meldung der Wehrmachtsangehörigen
• Sperrstunde von 22-05 Uhr morgens
• Bewegung nur im Umkreis von 5km

Übergriffe an der Zivilbevölkerung werden nicht bekannt, und man fasst Zutrauen. Ich selbst frage bei der Ringelberger Besatzung um eine Genehmigung für den Weg nach Tachau nach und werde gleich im Jeep mitgenommen und durch die Kontrolle am Luglhof gebracht. Beim Stadtkommandanten erlange ich die Dauergenehmigung für meinen Arbeitsweg und kann somit meine Lehre fortsetzen. Ebenso auch andere Ringelberger Lehrlinge. Die Straße nach Hals, Frauenreith bis Tachau ist durch Panzer unpassierbar gemacht. So führt uns der Weg über Sorghof und Aglaienthal nach Tachau.

Kriegsheimkehrer ohne Entlassungsschein aus der Gefangenschaft sind aufgefordert sich zu melden. Nach einem mehrtägigen Aufenthalt im Entlassungslager Konstantinsbad mit Überprüfung nach Waffengattung, Einsatzorten, Zugehörigkeit zur Waffen-SS, Dienstgrad usw. erfolgt in der Regel die ordentliche Entlassung.

Neugründung der ČSR und Machtübernahme

Kaum hatte man sich über das Kriegsende gefreut, gemeint glimpflich davon gekommen zu sein und sich auf die Besatzung eingestellt, erschrickt eine neue Bekanntmachung die Menschen.

Mit einem Schreiben von Haus zu Haus wird uns die Neugründung der ČSR in den Grenzen von 1918 bekanntgegeben. Weiter wird darin mitgeteilt:

• Die Deutschen sind schuld am Krieg, am Tod von Millionen unschuldiger Menschen und an der Zerschlagung des Tschechischen Staates.

• Deutsche Bewohner sind der tschechischen Staatsbürgerschaft unwürdig.

• Ihr Eigentum verfällt dem tschechischen Staat und ist entsprechend zu behandeln.

• Sperrstunde und Bewegungseinschränkung gelten weiter.

• Deutsche Bewohner werden zum Tragen einer Armbinde verpflichtet (anfangs gelb, später weiß).

• Motorräder, Fahrräder, Radio, Ski, Zentrifugen und Butterfässer müssen abgegeben werden.

• Wer weiter als 5km zur Arbeit muss, kann sein Fahrrad behalten. Er bekommt eine Bescheinigung, dass er das Fahrrad Marke … Nr. … vom Tschechischen Staat geliehen bekommen hat und es bei Aussiedlung an diesen zurückgeben muss.

• Verlangt wird die vollständige Abgabe von Brotgetreide, Milch und Eiern.

• Ankündigung der "Judenkarte" für Deutsche mit den Rationen, wie sie Juden in der NS-Zeit hatten (keine Milch, kein Fleisch, keine Butter, keine Eier, Kleinkinder erhalten einen Liter Magermilch).

• Die Einhaltung aller Anordnungen wird mit Strafandrohung gefordert.

In den folgenden Wochen kommen in die Ortschaften tschechische Kommissare als Bürgermeister. Ehemalige deutsche Bürgermeister und Gemeindeschreiber sind weiter im Dienst und müssen die tschechischen Anordnungen bei der deutschen Bevölkerung durchsetzen.

In Hals wird eine Gendarmarie- und Grenzpolizeistation aufgebaut und ständig verstärkt. In dieser fällt auch der Brand bei Kraus Nr. 36. Anna Kraus wird der Brandstiftung beschuldigt und ist einige Wochen in Tachau in Haft.

Im August 1945 werden vom ehemaligen deutschen Bürgermeister (Ferdinand Gruber, Nr. 99) ehemalige „Funktionäre" unter Zureden zur Gendarmerie nach Hals bestellt.

Es sind: Richard Schmidgunst Nr. 49, Josef Fenzl Nr. 75, Josef Stich Nr. 51, Frau Schiffl Nr. 101 und Weimann Nr. 37 (Weimann kommt auf Grund seiner NS-Parteilosigkeit und Sozialdemokratischen Parteibuches frei). Der Verbleib der anderen ist vorerst unbekannt. Diese Aktion findet zeitgleich auch in den anderen Orten des Kreises statt. Nach etwa zwei Wochen kann man in Tachau Sträflingskolonnen unter strenger Bewachung bei Aufräumungsarbeiten an zerstörten Häusern sehen. Meine Cousine erkennt unseren Vater in der Kolonne am Krankenhaus. Nun ist auch bekannt, dass die Zigarrenfabrik zum tschechischen Haftlager geworden ist. Die Tschechen nennen es Internacni tabori (Internierungslager). Die Häftlinge sind kahlgeschoren, tragen auf ihrer Zivilkleidung einen roten Fleck mit schwarzer Nummer und wirken abgemagert, müde und verängstigt.

Im September finden Aussonderungen im Lager statt. Einige kommen nach Eger, andere nach Tschremoschna (unser Vater und Richard Schmidgunst) oder Pilsen – Bory (Frau Schiffl).

Dieser neue Aufenthalt wird auch erst wieder nach Wochen bekannt. Im November werden Josef Gruber Nr. 17 und Johannes Baier Nr. 67 verhaftet. Beide kommen ins Lager Tachau. Ferdinand Gruber Nr. 99 flieht mit Familie nach Bayern.

Die amerikanische Besatzung ist noch anwesend, nimmt aber keinen Einfluss auf die Geschehnisse und ihr Abzug per 30. November wird bekannt. Sorge macht sich breit, dass gerüchteweise Berichte aus anderen Teilen des Sudetenlandes auch bei uns passieren. Die Sorge erweist sich als berechtigt. Alles wird den Deutschen angelastet. Es kommt zu nächtlichen Hausdurchsuchungen, Razzien, Festnahmen und Inhaftierung im Lager Tachau. Zu „Wilden Vertreibungen" kommt es bei uns jedoch nicht.

Tschechische Besiedlung des Sudetenlandes

Nach der Enteignung aller Deutschen werden die Tschechen zur Neubesiedlung der deutschen Gebiete aufgefordert und mit der Übernahme von Bauernwirtschaften, Geschäften, Handwerksbetrieben und Häusern geködert. Anfang August kommen die ersten tschechischen „Verwalter" nach Tachau und übernehmen deutsche Geschäfte, Handwerksbetriebe und suchen sich die schönsten Häuser als Wohnung aus. Auch in das Geschäft meines Meisters kommt einer.

Bald folgen die ersten Übernahmen in Frauenreith, Stiebenreith und Hals. Es hängt vom jeweiligen tschechischen Verwalter ab, ob sofort geräumt werden muss und was mitgenommen werden darf. Die Betroffenen suchen und finden Unterkunft bei Verwandten und Bekannten im Ort, deren Haus noch nicht besetzt ist.

Von Tschechen bereits besetzte Grundstücke, Geschäfte usw. sind durch ein Schild gekennzeichnet, dass sie unter „Nationalverwaltung" stehen. Nicht gekennzeichnete stehen für ankommende Verwalter zur Auswahl frei und ihre Bewohner müssen täglich mit gleichem Schicksal rechnen.

Bereits September/Oktober werden viele der Betroffenen ins tschechische Innenland verschleppt, denn dort fehlen nun die Arbeitskräfte. Ich selbst habe in Frauenreith auf meinem Weg zur Arbeit nach Tachau eine Gruppe Familien vor ihrem Abtransport gesehen. Dieser Anblick bleibt mir unvergesslich. Ich meine, das Los dieser Menschen ist härter als das der Vertriebenen.

Ringelberg und andere Nachbarorte (Thiergarten, Brand, Galtenhof und Paulusbrunn) blieben von dieser „Neubesiedlung" verschont. Kleine Wirtschaften, karger Boden, raueres Klima und Abgelegenheit waren wohl der Grund. Um alle Orte mit Tschechen zu besiedeln reichte die eigene Bevölkerung nicht aus. Darum gibt es so viele deutsche Ortschaften nicht mehr und manche nur in Resten (siehe Ringelberg).

Die Ringelberger Landwirte bewirtschaften ihre Felder und versorgen das Vieh wie bisher, obwohl es ihnen ja gar nicht mehr gehört.

Im Oktober 1945 wird im Freien, Nähe Wamser Nr. 8, eine große Dampf-Dreschmaschine aufgestellt. Alle Landwirte werden aufgefordert, ihre Getreideernte zum Drusch zu bringen. Auf Anfrage bzw. auf Bitte wird gestattet, auch zu Hause zu dreschen. Immer noch hofft man Getreide behalten zu können. Wo Gopel und Dreschmaschine vorhanden, wird eifrig gedroschen und sich gegenseitig geholfen, um den Termin einzuhalten. Wer seine Getreideernte zum Druschplatz brachte, nahm vorerst Stroh und Körner wieder mit Heim. Welch eine Erleichterung und Hoffnung! Doch schon in den ersten Novembertagen kommt die Aufforderung zur restlosen Abgabe unter Strafandrohung.

Trotzdem hat wohl jeder eine „Eiserne Ration" versteckt behalten und auch den Dreschhelfern gegeben. So hat wohl jeder etwas zuzusetzen, doch beim Mahlen mit der Kaffeemühle, kochen und essen ist die Angst immer dabei, dass eine Kontrollstreife kommt.

Einige Male konnte ich kleine Mengen von 6 bis 8kg in der Angstmühle Tachau tauschen. Mit solch gefährlichem Gepäck musste ich auf Schleichwegen nach Tachau, denn in die Kontrolle durfte ich damit nicht geraten.

Eine versteckt gehaltene Henne wird unser Weihnachtsbraten! Es ist das erste Fleisch nach einem halben Jahr und für das nächste dreiviertel Jahr.

Mit nächtlichen Hausdurchsuchungen, Razzien, Festnahmen und Überführung in das Lager Tachau nehmen die Schikanen zu. Da meist junge Leute Opfer werden, flüchten auch einige Ringelberger.

Die neu eingeführte Haushaltskarte gibt Auskunft über Personenzahl, Alter und Geschlecht der zum Haushalt gehörenden Personen, und muss bei Kontrollen vorgelegt werden.

Es ist deshalb sehr gefährlich, Heimkehrern und Flüchtenden Unterschlupf oder Nachtlager zu geben. Trotzdem geschieht es.

Ein Tag vor Heiligabend werden junge Männer nach Tachau aufs Arbeitsamt bestellt. Sie kommen nicht wieder und ihr Verbleib ist für 1-2 Wochen unbekannt. Man hatte sie nach Brüx in den Kohlebergbau geschafft. Einige ahnten die Gefahr und flohen nach Bayern.

Kontrollstreife

Zu einer Grenzkontrollstreife gehörten immer sechs Mann mit russischer MP bewaffnet. Bei der Kontrolle halten vier Mann ihre MP im Anschlag, einer kontrolliert Kennkarte, Fahrradbescheinigung und Fahrradnummer, der andere tastet Körper ab und sieht in Tasche oder Rucksack. Diese Prozedur erleben wir täglich mindestens einmal je Hin- und Rückweg. An Tagen mit Razzia (meist früh, mehrfach) kommen wir dann zu spät zur Arbeit. An diesen Tagen musste man sich besonders vorsehen. Wir machen uns Zeit- und Treffpunkt für den Arbeitsweg aus und fahren möglichst nie alleine.

In der Silvesternacht wird eine flüchtende Frau mit 18-jähriger Tochter zwischen Ringelberg und Hals gestellt. Der Tochter wurde durch eine MP-Salve der Oberschenkel zertrümmert und soll verblutet sein.

Problematik der Vertreibung

Es ist ein langer Prozess von den ersten Gerüchten über Vertreibung, dem Erkennen der Realität bis zum ganz persönlichem Betroffensein. Selbst da wollen es besonders alte Leute noch nicht wahr haben und sagen zum Abschied zu den Zurückbleibenden „Auf Wiedersehen in Ringelberg" und vielleicht braucht ihr gar nicht erst fort. Sie werden es wohl nie fassen und endlich an Heimweh in der Fremde zerbrechen. In mir regt sich Stolz und Trotz. Das Leben in ständiger Bedrohung, Rechtlosigkeit, Demütigung, Ungerechtigkeit und Schikanen bringt die meisten Menschen so weit, dass sie erkennen, dass die Trennung von der Heimat unausweichlich ist und sie nehmen es zuletzt gefasst. Manche melden sich sogar freiwillig, weil auch bekannt wird, dass bald Transporte in die russische Zone gehen sollen.

Die Anweisungen über die Beschriftung der Gepäckstücke, was mitgenommen werden darf und was nicht, die Mengenangabe in Kilogramm pro Person usw. machen ebenso mit der Tatsache der Ausweisung vertraut. Auch die Ausgabe von Klee- und Grassamen zur Aussaat in die Winter- und Sommersaaten lässt erkennen, dass es eine Herbstbestellung nicht mehr gibt.

Im Frühjahr 1946, als in Tachau bereits die ersten Transporte fortgehen, wird man in Ringelberg aktiv und versucht noch etwas zu retten. Mit Habseligkeiten in Tragekörben oder Rucksack bepackt gehen kleine Gruppen nachts unter Lebensgefahr nach Hermannsreuth oder Griesbach. Ich bin selbst auf Drängen von Mutter zweimal mit. Beim ersten Mal trage ich Vaters bis dahin verstecktes Fahrrad quer durch den Wald nach Griesbach. Vater ist zu dieser Zeit noch im Lager bei Pilsen. Beim zweiten Mal auf dem Rückweg wird ganz in der Nähe geschossen. Als wir merken, dass es uns nicht galt, schleichen wir weiter. Zu Hause angekommen, berichtet Mutter voller Schrecken, dass die Grenzstreife gerade einen Mann an unserm Hause vorbei abführte und meinte, ich könnte es gewesen sein. Nun hat auch sie begriffen, wie unsinnig und gefährlich solches Tun ist.

Die meisten im Lager Inhaftierten kommen vor der Vertreibung frei, andere kommen erst im Ausweisungslager zu ihren Familien. Verurteilte müssen bleiben.

Auch unter den Tschechen gibt die Vertreibung Anlass zu Diskussionen, denn auch tschechische Kollaborateure sollen ausgewiesen werden. Wer ist einer? Von einigen werden Tschechen mit deutschem Ehepartner als solche angesehen. Über die Haltung zu deutschen Antifaschisten und NS-Opfern wird ebenfalls gestritten. Oft kann man in Tschechisch hören, alle Deutschen sind Schweine, alle! Die Praxis zeigt aber bald, dass jeder Tscheche zur Besiedlung der deutschen Gebiete gebraucht wird und der Streit ist zu Ende. Es werden alle im Ausland lebenden Tschechen auch mit deutschem Ehepartner an ihre patriotische Pflicht ermahnt, in die CSR heimzukehren und an der nationalen Aufgabe der Besiedlung teilzunehmen. Dabei wird mit der Übernahme von Häusern, Handwerksbetrieben, Bauernwirtschaften und guter Versorgung gelockt.

Im November kommt ein solcher Tscheche in unsere Schneiderei. Er lebte 30 Jahre in Chemnitz (auch in der NS-Zeit!). Er übernahm mit seiner Frau (geb. Tachauerin) ihr Elternhaus. Später zeigt sich, dass man zumindest vorerst auch auf manchen Deutschen nicht verzichten kann. Neu angesiedelte Tschechen haben oft nicht den Beruf der gebraucht wird – oder gar keinen und müssen angelernt werden, will man diesen oder jenen Wirtschaftszweig erhalten. Deutsche, die diese Aufgabe übernehmen müssen, werden bis zuletzt zurückgehalten, oder müssen gar ganz bleiben.

Ablauf der Ausweisung

Im März gehen die ersten Transporte von Tachau weg. Die ersten Ringelberger sind Ende Mai Anfang Juni dabei. 1 bis 2 Tage zuvor erhalten die betroffenen Familien Bescheid über Zeit- und Stellpunkt. Das Gepäck wird auf Leiterwagen mit Kuhgespann nach Tachau ins Sammellager Zigarrenfabrik gebracht. Hinterdrein geht der Trauerzug der betroffenen Menschen. Im Lager ist Kontrolle des Gepäcks, Entlausung und Zusammenstellung des Transportes mit Nennung der Waggonnummer und Kennzeichnen der Gepäckstücke mit dieser Nummer. Am 4./5. Tag beladen der bereitgestellten und nummerierten Viehwaggons. In jedem Waggon kommen 30 Personen mit Gepäck. Die Abfahrt erfolgt mit ungewissem Ziel.

Nachbarn, die noch daheim sind, füttern das Vieh der Vertriebenen, bis es abgeholt wird. Beim Betreten dieser verwaisten Anwesen wird einem die Grausamkeit der Art und Weise der Vertreibung bewusst. Das Zerreißen der Familien- und Dorfgemeinschaft ist, als würde einem ein Körperteil nach dem anderem ausgerissen. Auch die Tiere scheinen darunter zu leiden.

Letzte Ernte
Ende Juli wird die Vertreibung unterbrochen. Noch anwesende arbeitsfähige Männer und Frauen werden zu Schnitterkolonnen zusammengestellt. Bewacht von einem Nat.-Gardisten mit MP und Hund.
Ich gehöre selbst als 16-Jähriger der Kolonne im Ortsteil Jägerhäuser an. Mitte August ist fast alles Getreide gemäht und in Puppen zur Trocknung aufgestellt. Nahe Wamser Nr. 8 ist wieder zentraler Druschplatz und einige sind bereits zum Anfahren und Dreschen des Getreides eingeteilt.

Verlauf unseres Transportes
Am 20. August 1946 geht die Ausweisung weiter und wir sind mit dran. Mit uns Familie Gruber Nr. 81, Gruber Nr. 17 und Träger Nr. 10.
Nach bereits geschildertem Ablauf im Lager Zigarrenfabrik ist am 26. August abends Abfahrt vom Bahnhof Tachau. Am 27. August vormittags erhalten wir auf einem Abstellgleis am Bahnhof Eger die Henkersmahlzeit, Bohnensuppe und eine Scheibe Brot. Obwohl Suppe und Brot gut ist, hat keiner richtig Appetit, denn alle belastet die Frage: Wo geht es hin? Amerikanische oder russische Zone?
Nach kurzer Fahrt ist es längs der Gleise weiß von Armbinden. Auch wir werfen unsere hinaus. Kurz darauf hält der Zug im Bahnhof Bad Brambach.

Wir sind im Osten!
Wir sehen die ersten Volkspolizisten, eine Krankenschwester fragt nach Kranken und macht Stichproben nach Läusen. Wir werden aufgefordert, waggonweise Essen zu holen. Es gibt pro Waggon einen Wassereimer Suppe von Sauren Gurken und zwei längliche Brote - ganz schwarz und pappig. Auf einem kleinen Bahnhof in Thüringen muss der Transport umgeladen werden in einen Zug mit Personen- und Viehwagen. In die Personenwagen kann nur wich-

tigstes Handgepäck mitgenommen werden. Am 1. September ist in Aschersleben Endstation. 2-3 Wochen sind wir in einer ehemaligen Kaserne in Quarantäne.

Nun beginnt die erste Grobverteilung. Wir Ringelberger Familien und Familien aus Brand bei Tachau und Hals kommen nach Gerbstedt in einen Gasthaustanzsaal. Wir sind für den Mannsfelder Kupferbergbau und die Landwirtschaft vorgesehen. Am 22. Oktober erfolgt auf Traktorhängern der Transport zum zukünftigen Wohnort Dederstedt, Kreis Eisleben. Vor uns angekommene Familien empfangen uns klagend über den „freundlichen" Empfang ihrer Hauswirte.

Das erste Jahr in der Fremde

Unsere Familie ist einem größeren Bauern zugeteilt. Sein Esszimmer ist für uns 8 Personen Koch-, Wohn- und Schlafraum. Zum Unglück ist der folgende Winter einer der strengsten des Jahrhunderts. Wir hungern und frieren und begehen Mundraub an Mohrenmieten und Holzdiebstahl. Unsere kranke Schwester hat leichte Erfrierungen an den Zehen, obwohl sie gar nicht raus kommt. Vom Bauern bekommen wir auf Bitten der Mutter Futterkartoffelflocken. Im darauffolgenden Sommer sorgen wir mit Ährenlesen, Kartoffel- und Möhrenstoppeln vor. Wir beginnen uns mit den gegebenen Verhältnissen zurecht zu finden. Ich kann meine Lehre im Nachbarort bei einem Schlesierflüchtling beenden. Wir Jugendlichen kommen mit den ansässigen Jugendlichen in Kontakt und verkehren zum Teil freundschaftlich miteinander.

Nachwort

Dies sind Erinnerungen eines damals 14 bis 16jährigen und sie liegen bereits über 50 Jahre zurück. Es kann deshalb nur eine unvollkommene Wiedergabe der Geschehnisse sein. Jeder stand in seiner eigenen Situation und hatte eigene Erlebnisse. Selbst gleiche Erlebnisse können unterschiedlich wahrgenommen werden. Meine Erinnerungen sind von Erlebnissen in Ringelberg und Tachau geprägt. Ich habe versucht, objektiv zu berichten, trotz der schlimmen Erlebnisse und möchte es auf keinen Fall als allgemeines Urteil über das tschechische Volk verstanden wissen. Es war in dieser Zeit für Tschechen nicht leicht, Deutschen gegenüber Mitgefühl zu zeigen, trotzdem konnte man auch das erleben.

Mögen in Zukunft für alle Probleme zwischen den Völkern friedliche Lösungen gefunden werden und den Menschen solche Erfahrungen erspart bleiben.

Johanngeorgenstadt im Juli 1997

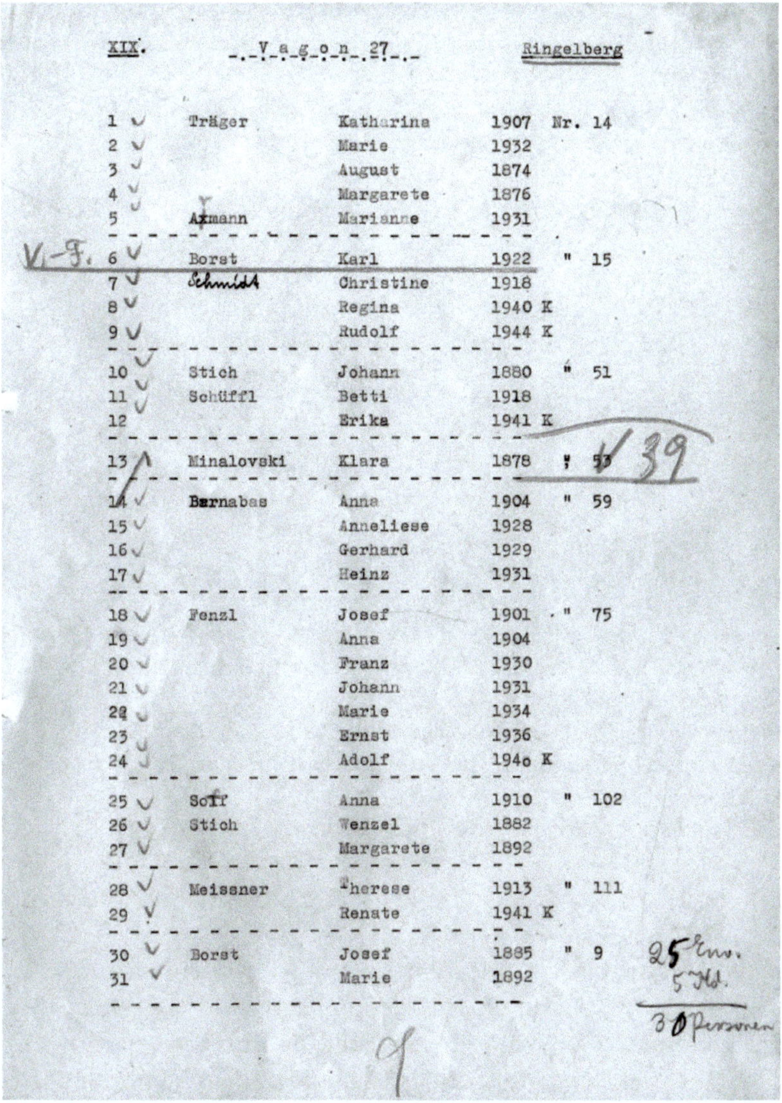

Nr.		Name	Vorname	Jahr		
1	∨	Träger	Katharina	1907	Nr.	14
2	∨		Marie	1932		
3	∨		August	1874		
4	∨		Margarete	1876		
5	∪	Axmann	Marianne	1931		
6	∨	Borst	Karl	1922	"	15
7	∨	Schmidt	Christine	1918		
8	∨		Regina	1940	K	
9	∨		Rudolf	1944	K	
10	∨	Stich	Johann	1880	"	51
11	∨	Schüffl	Betti	1918		
12			Erika	1941	K	
13	∧	Minalovski	Klara	1878	!	53
14	∨	Barnabas	Anna	1904	"	59
15	∨		Anneliese	1928		
16	∨		Gerhard	1929		
17	∨		Heinz	1931		
18	∨	Fenzl	Josef	1901	. "	75
19	∨		Anna	1904		
20	∨		Franz	1930		
21	∨		Johann	1931		
22	∪		Marie	1934		
23	∪		Ernst	1936		
24	∪		Adolf	1946	K	
25	∨	Soff	Anna	1910	"	102
26	∨	Stich	Wenzel	1882		
27	∨		Margarete	1892		
28	∨	Meissner	Therese	1913	"	111
29	∨		Renate	1941	K	
30	∨	Borst	Josef	1885	"	9
31	∨		Marie	1892		

V.-F.

√ 39

25 Erw.
5 Kd.
30 Personen

Abbildung 18: Personenliste (Auszug) mit Familie Fenzl (Nr. 18-24), Waggon 27, XIX Transport am 24. August 1946 vom Bahnhof Tachov/Tachau.
(Quelle: Staatliches Kreisarchiv Tachov (Okresní národní výbor Tachov), sign. VIII/8 - Odsuny jednotlivě 1946.)

Margarethe Pilz:
Erster Jahreswechsel in der Fremde

Der Transport mit der Nummer IX ab Sammellager Hohenelbe/Vrchlabí erreichte das Grenzdurchgangslager Radiumbad Brambach am 08.07.1946.

Frau Margarethe Pilz (*10.1902 - + 11.08.1998) war Mitinhaberin einer großen Weberei in Niederhof, bei Hohenelbe (heute Vrchlabí) im böhmischen Riesengebirge. Sie wurde am 6. Juli 1946 in einem Vertreibungstransport, gemeinsam mit dem Niederhofer Pfarrer Friedrich Driemer, aus ihrer Heimat über das Grenzdurchgangslager Bad Brambach nach Thüringen ausgewiesen, wo sie als Pfarrhelferin und Religionslehrerin wirkte.

Margarethe Pilz arbeitete mit Pfarrer Driemer in Bilzingsleben, Kindelbrück und Bad Langensalza.
*Ihr nachfolgenden Brief, veröffentlicht in **Im Land der heiligen Elisabeth(1985)**, beschriebt eindrucksvoll den ersten Jahreswechsel nach der Vertreibung.*
Mit freundlicher Genehmigung des St. Benno -Verlag Leipzig.

31.12.1946 in Bilzingsleben/Thüringen

Liebe Hilde, nun bin ich also Pfarrhelferin! Im November trat ich meinen Dienst an, hier in diesem kleinen Dorf in der Diaspora Thüringens, kilometerweit von der nächsten Bahnstation entfernt. Es ist eine neue Seelsorgestelle; sechs Außenstationen gehören dazu. Kein einziger einheimischer Katholik wohnt hier; unsere Gläubigen sind sämtlich Umsiedler aus dem Osten, die sich untereinander kaum kennen. Jeder hat mit seiner eigenen Not zu tun. Viele, die weder Körperkraft noch Schuhwerk genug besitzen, um stundenweit zur nächsten katholischen Kirche zu gehen, fingen an, den

78

evangelischen Gottesdienst zu besuchen. Es wird wohl noch ein weiter Weg sein, ehe aus ihnen eine solche schöne Pfarrfamilie wird, wie sie bei Euch besteht. Aber der erste Schritt dazu ist schon getan. Das muss ich dir erzählen: Du wirst Dich vielleicht wundern, wie eng bei uns Caritas und Seelsorge Hand in Hand gehen, und welch außergewöhnliche Wege wir oft gehen müssen, aber wir sind hier ja eben in ganz außergewöhnlichen Verhältnissen.

Im Dezember waren wir also soweit mit den nötigsten Vorbereitungsarbeiten, dass Gottesdienst und Religionsunterricht überall stattfinden konnten, von unseren Gläubigen aber kannten wir persönlich erst wenige, und ich wollte nach Neujahr mit den Hausbesuchen beginnen.

Die Weihnachtstage waren vorüber. Am 30. Dezember besuchte uns eine junge Frau und brachte nach einigen verlegenen Einleitungsworten ihr Anliegen vor: „Ach, Herr Pfarrer, hier sind unter den Flüchtlingen einige Alleinstehende, die an den Weihnachtstagen so viel geweint haben. Nun fürchten sie, dass sie am letzten Abend des Jahres das Heimweh wieder packt. Könnten Sie die paar Leute denn nicht an diesem Abend zu sich einladen? Einen Kartoffelsalat will ich gerne stiften, und wenn die Helferin etwas Tee kochte, ginge es vielleicht" Der Pfarrer sagte gleich bereitwillig zu. Ich überlegte: Gäste? Wir haben zwei kleine Räume zur Verfügung. Mein „Zimmer" verdient diesen stolzen Namen kaum, denn als einziges Möbelstück steht mein Bett darin. Am Fußboden aber liegen, fein in Haufen sortiert, Kleider, Wäsche, Küchengeschirr und unsere bescheidenen Essvorräte, denn wir besitzen weder einen Kleidernoch einen Küchenschrank. Obendrein ist das Zimmer unheizbar, kommt also für eine Zusammenkunft nicht in Frage. Immerhin könnte man es als Kleiderablage benutzen. Das zweite Zimmer, das zugleich als Amtsraum und Schlafzimmer des Pfarrers dienen muss, ist auch nur 10 qm groß, doch steht seit einigen Tagen ein Tisch da (bisher mussten wir uns mit aufeinandergestellten Koffern begnügen) und als besonderes Prunkstück ein altes Harmonium, das sogar noch ganz annehmbare Töne von sich gibt. Die Hauptsache aber ist, dass sich einer jener hohen eisernen Öfen darin befindet, die man hier „Kochmaschine" nennt. (Der Name kommt wohl daher, dass es eine besondere Kunst ist, darauf zu kochen; wir essen zum Glück auswärts.) Das ginge also. Und überhaupt muss dieses Beisammensein möglich gemacht werden, wir sind ja dazu hier, nach Kräften zu helfen. Ich erkundigte mich also nur in Anbetracht meines kleinen Teetopfes: „Wie viele kommen da wohl ungefähr?" Die Frau, der mein Zögern nicht entgangen war, meinte: „Nun, ich denke, sieben dürften es wohl sein. Wenn Sie aber vielleicht nicht genug Geschirr haben, kann sich ja jeder Tasse und Löffel mitbringen." Mit diesem Vorschlag war ich recht einverstanden, und sie ging mit vielen Dankesworten von dannen.

Der letzte Tag dieses Jahres bringt ein Unwetter mit, das uns unseren Weg zu den Gottesdienststationen wieder einmal sauer macht. Ein Gemisch von Schnee und Regen fällt unablässig vom Himmel, und der hier unvermeidliche Wind peitscht die Nässe in Mantelkragen und Ärmel. Durch die meist scheibenlosen Fenster der Kirchen pfeift der Sturm, so dass der Priester am Altar die heiligen Hostien zudecken muss, weil sie ihm davonfliegen wollen. Der Wind heult um den Turm, auch auf meinem Orgelbänkchen ist es recht ungemütlich, mein Kopftuch flattert, als säße ich auf einem hohen Berg. Frierend machen wir uns auf den Heimweg. Da man bei diesem Wetter das Fahrrad zu Hause lassen muss und die Wege aufgeweicht sind, brauchen wir zu den sechs Kilometern zwei volle Stunden.

Todmüde, nass und schmutzig kommen wir endlich heim. Es ist gerade Stromsperre und das Vorhaus stockfinster. Da stoße ich vor meiner Tür mit dem Fuß an etwas Hartes. Verwundert untersuche ich das Ding näher und merke, es ist eine Waschschüssel mit weichem Inhalt. Nun grabe ich doch mit klammen Fingern in meinen Taschen nach einem Zündholz und sehe bei seinem spärlichen Licht - den Kartoffelsalat! Ach, nun hatte ich ja über den Mühen des Tages ganz vergessen, dass wir heute noch Gäste bekommen! Halb sieben schon! Also nur schnell das schmutzige Schuhwerk von den Füßen, in trockene Kleider geschlüpft, und die Vorbereitungen können beginnen.

Bald glüht der eiserne Ofen, es wird wohlig warm, und das Wasser summt. Nun noch den Tisch gedeckt, ein paar Zweiglein darauf -

fertig! Der Pfarrer steht kopfschüttelnd da: „Wo wollen Sie nur die sieben Leute hinsetzen?" Ich zähle ab: „Drei sitzen auf dem Bett, zwei haben auf dem Koffer Platz, drei Stühle haben wir aus dem Gasthaus geliehen, und ich setze mich zum Harmonium auf einen unserer Wäschesäcke" Damit scheint diese Frage gelöst, und wir sind zum Empfang unserer unbekannten Gäste gerüstet. Sie lassen nicht lange auf sich warten. Schon läutet die Flurglocke. Als ich öffne, steht eine ältere Frau vor mir, die mir gleich um den Hals fällt. „Nun bin ich nicht mehr allein!" ruft sie weinend, „Sie sind aus meiner Heimat! Ich konnte es schon nicht mehr erwarten, Sie kennenzulernen, deshalb komme ich so früh!" Richtig stellt es sich heraus, dass unsere Heimatorte ganz nahe beieinander liegen, und der Kontakt ist gleich hergestellt. Wir sind in Gedanken daheim und merken nicht, wie die Zeit vergeht. Da reißt uns ein heftiges Klingeln der Türglocke aus unseren Erinnerungen. Unten stehen diesmal zwei alte Männer, vorschriftsmäßig mit Tasse und Löffel bewaffnet. Etwas verlegen murmeln sie ihre Namen, und ich führe sie die Treppe herauf. Der Pfarrer nimmt sie oben freundlich auf, während ich schon wieder an die Tür eilen muss. Drei junge Frauen schütteln sich unten die Nässe aus den Mänteln und rufen fröhlich lachend: „Der Herr Pfarrer war so freundlich ..." die vorgestreckte Tasse vollendet den Satz. Sie schwatzen gleich munter im Dialekt ihrer sudetendeutschen Heimat.

Oben im Stübchen hat sich bereits durch die Wärme, mit der der Pfarrer seinen Gästen entgegenkommt und ihnen alle Verlegenheit nimmt, eine gemütliche Stimmung entwickelt. Ich zähle die Häupter, sechs sind hier, fehlt also noch einer.

Da geht auch schon die Glocke. Draußen stehen jetzt fünf Frauen auf einmal, alle durch Töpfchen und Löffel als unsere Gäste kenntlich. Ich sage recht freundlich mein „Grüß Gott!", denke aber im Stillen: „O weh, mein kleiner Teetopf!" Oben flüstere ich schnell dem Pfarrer zu: „Ich bitte Sie, können Sie nicht irgendwo Sitzgelegenheiten herschaffen?" und er eilt bereitwillig davon. Ich habe alle Hände voll zu tun, um die Weiblein aus ihren Hüllen zu wickeln und sie untereinander bekanntzumachen, denn sie sind sich alle fremd. Inzwischen geht die Türglocke wieder und wieder, und es kommen

Gruppen zu drei, zu vier, ich zähle schon nicht mehr. Schließlich sitzen in dem kleinen Raum 27 Leutchen eng aneinandergedrängt. Sie haben wunderbarerweise alle Sitzplätze, wenn auch immer drei auf zwei Sitzen kleben. Unser evangelischer Pastor hat alle seine Stühle hergegeben und hat lachend mit seiner jungen Frau auf dem Sofa Platz genommen. Auch einen ordentlich großen Topf für meinen Tee hat er hergeliehen. Nun kann also unsere Feier beginnen.

"Wir singen erst einmal ein Lied, das alle können." Das ist nicht so einfach, denn da sind welche aus Schlesien, dem Sudentenland, aus Rumänien und aus Westfalen. Junge und Alte, Männer und Frauen und Halbwüchsige, und jeder sagt: „Bei uns daheim haben wir so schöne Lieder gesungen." Aber wir sind ja noch mitten in der Weihnachtszeit. Also „O du fröhliche, o du selige ..." da singen alle mit und sind's zufrieden. Dann sagt der Pfarrer einen herzlichen Begrüßungsspruch für alle. Darauf wird der Kartoffelsalat möglichst gerecht auf Papptellerchen verteilt, und von meinem heißen Kräutertee röten sich bald die Gesichter, und die Augen leuchten.

Jetzt soll es aber fröhlich werden, die Jugend will gern ein bisschen lachen, und die Alten möchten auf ein paar Stunden ihren Kummer vergessen. Bald ist die Heiterkeit allgemein geworden, und es wagt sich dieser und jener mit einem kleinen Vortrag hervor. Einer erzählt eine Schnurre, eine Rumänin etwas Selbsterlebtes, ein junges Mädchen weiß ein lustiges Gedicht, und auch der Pfarrer schließt sich nicht aus und gibt eine Geschichte aus seiner Studienzeit zum Besten. Dazwischen singen wir gemeinsam.

So vergehen die Stunden, bis plötzlich jemand feststellt, dass nun bald Mitternacht herankommt. Da werden alle etwas stiller und besinnlicher. Es ist, als rückten wir innerlich näher zusammen. Der Pfarrer steht auf; er spricht davon, wie wir nun dem Heiland ähnlich werden dürfen in der Armut des Stalles, der Not und der Flucht, der Härte der Fremde; wie wir dieses Leid fruchtbar machen müssen, um unsere große Leidenszeit zur großen Gnadenzeit werden zu lassen; von Gottes Vatergüte, die unser Bestes will; von dem Weg zur Heimat für uns Heimatlose, zur Heimat in Gott. Und wie wir diesen Weg von nun an gemeinsam gehen wollten, uns gegenseitig stützend und helfend in seelischer und leiblicher Not, wie eine recht

christliche Familie die Paulus-Forderung verwirklichend. „Einer trage des anderen Last, so erfüllt ihr das Gesetz Christi."
Eben schlägt die Turmuhr die zwölfte Stunde.
Wir stehen im Stübchen, eng aneinandergedrückt und beten aus übervollem Herzen: „Vater unser…"
Dann gehen wir mit warmen Händedruck auseinander.
Nun ist es aber auch bei mir über diesem Brief schon Mittenacht geworden, und ich muss noch schnell ein paar Stunden schlafen, denn morgen früh geht es schon zeitig auf Außenstation.
Ich grüße Dich herzlich!
Deine Margarete Pilz

- 6. VII. 1946

L. Z.	Name u. Vorname	Geb.-J.	Mann, Weib, Kind bis 12.	Wohnort	Beruf	Bem.

Sammelstelle: **Vrchlabl**
Kreis: **Vrchlabl**

L. Z.	Name u. Vorname	Geb.-J.	Mann, Weib, Kind bis 12.	Wohnort	Beruf	Bem.
1.	Lorenz, Filomena	1875	W.	Pol.Lanov	Haushalt	
2.	Driemer Friedr.	1914	M.	" Dvur	Pfarrer	
3.	Pilz Margarete	1902	W.	"	Haushalt	
4.	Wrabec Emil	1911	M.	Her.Brusnice	Pfarrer	
5.	Karol.	1877	W.	"	Haushalt	
6.	Illewa Elisab.	1913	W.	Her.Sejfy	"	
7.	Georg	1937	K.	"	Schüler	
8.	Helmut	1939	K.	"	Kind	
9.	Ernst	1940	K.	"	"	
10.	Pfohl Marie	1887	W.	"	Haushalt	
11.	Anna	1893	W.	"	"	
12.	Vrkoslav Rudolf	1901	M.	"	Eisendreher	
13.	Erfriede	1909	W.	"	Haushalt	
14.	Reinhold	1931	M.	"	Schüler	
15.	Rudolf	1933	M.	"	"	
16.	Walter	1940	K.	"	Kind	
17.	Palesmann Hainr.	1884	M.	"	Rentner	
18.	Anna	1895	W.	"	Haushalt	
19.	Dreschen Marie	1910	W.	"	"	
20.	Heinz	1938	K.	"	Schüler	
21.	Ursula	1944	K.	"	Kind	
22.	Dreschen Franz	1879	M.	"	Maurer	
23.	Dreschen Marie	1913	W.	"	Haushalt	
24.	Horst	1939	K.	"	Kind	
25.	Kluh Emilie	1890	W.	"	Haushalt	
26.	Seidel Gertrud	1910	W.	"	"	
27.	Scholz Marie	1879	W.	"	"	
28.	Rosa	1912	W.	"	"	
29.	Alois	1932	M.	"	Schüler	
30.	Tham Johanna	1885	W.	"	Haushalt	

Abbildung 19: A Personenliste (Auszug) mit Margarethe Pilz (Nr. 3) und Pfarrer Friedrich Driemer (Nr. 2), Waggon Nr. 20 am 6. Juli 1946 von Hohenelbe.

(Archiv Autoren)

Anhang

Liste der 251 regulären Vertreibungstransporte aus der ČSR in die Sowjetische Besatzungszone (SBZ) 1946 über das Grenzdurchgangslager Radiumbad Brambach.

Lfd. Nr.	ABTRANSPORT AUS ČSR Sammellager, Abtransport-Ort	Datum Ankunft Brambach	Personen gesamt	Männer	Frauen	Kinder bis 14 Jahre	Land	WEITERTRANSPORT Antransport-Ort, Verteillager	Bemerkungen
1	Alt-Habendorf b/ Reichenb./ Starý Habendorf *)	10.06.1946	1202	340	691	171	TH	Gera	*) ab / od 1950 Stráž nad Nisou
2	Rumburg/ Rumburk	10.06.1946	1212	214	648	350	TH	Altenburg	
3	Briesen/ Břežánky	11.06.1946	1207	310	635	262	TH	Gera	
4	Reichenau/ Rychnov	11.06.1946	1199	358	596	245	TH	Altenburg	
5	Schluckenau/ Šluknov	12.06.1946	1202	320	611	271	TH	Rudolstadt	
6	Böhmisch Leipa/ Česká Lípa	12.06.1946	1200	322	565	313	TH	Altenburg	
7	Teplitz-Schönau/ Teplice-Šanov	13.06.1946	1230	399	592	239	TH	Gera-Langenberg	
8	Komotau/ Chomutov	13.06.1946	1225	332	607	286	TH	Altenburg	
9	Saaz/ Žatec	14.06.1946	1209	379	566	264	TH	Bad Sulza	
10	Nieder-Georgenthal b/ Brüx/ Dolní Jiřetín	14.06.1946	1230	366	583	281	TH	Altenburg	
11	Leschan b/ Beneschau/ Lešany b/ Benešov	15.06.1946	1196	123	563	510	TH	Hildburghausen	
12	Schöbritz/ Všebořice	16.06.1946	1200	131	564	505	TH	Wolfleben bei Nordhausen	
13	Novaky/ Nováky	17.06.1946	1202	378	476	348	TH	Apolda	
14	Warnsdorf/ Varnsdorf	17.06.1946	1202	331	632	239	TH	Brühheim bei Gotha	
15	Teplitz-Schönau/ Teplice-Šanov	22.06.1946	1225	297	584	344	ST	Rehmsdorf bei Zeitz	
16	Wiesengrund/ Dobřany	22.06.1946	1220	136	547	537	ST	Rehmsdorf bei Zeitz	
17	Kaaden + Komotau/ Kadaň + Chomutov	22.06.1946	1211	307	616	288	TH	Gera-Langenberg	
18	Komotau/ Chomutov	24.06.1946	1207	333	585	289	TH	Gera	
19	Leschan b/ Beneschau/ Lešany b/ Benešov	24.06.1946	1195	231	549	415	TH	Gera	
20	Alt-Habendorf b/ Reichenb./ Starý Habendorf *)	20.06.1946	1226	339	629	258	TH	Hermsdorf	*) ab / od 1950 Stráž nad Nisou
21	Böhmisch Leipa/ Česká Lípa	20.06.1946	1219	265	632	322	ST	Rehmsdorf bei Zeitz	
22	Halbstadt b/ Braunau/ Meziměstí	20.06.1946	1209	351	554	304	TH	Gera	
23	Hohenelbe/ Vrchlabí	21.06.1946	1190	322	620	248	TH	Altenburg	

Lfd. Nr.	ABTRANSPORT AUS ČSR Sammellager, Abtransport-Ort	Datum Ankunft Brambach	gesamt	Männer	Frauen	Kinder bis 14 Jahre	Land	Antransport-Ort, Verteillager	Bemerkungen
24	Podersam + Saaz/ Podbořany + Žatec	21.06.1946	1222	276	544	402	?	unbekannt	
25	Reinowitz b/ Gablonz/ Rýnovice	21.06.1946	1210	237	631	342	TH	Altenburg	
26	Nieder-Georgenthal b/ Brüx/ Dolní Jiřetín	25.06.1946	1210	316	580	314	ST	Rehmsdorf bei Zeitz	
27	Grulich/ Králíky	25.06.1946	1231	298	624	309	ST	Rehmsdorf bei Zeitz	
28	Trübenwasser/ Kalná Voda	26.06.1946	1220	329	598	293	ST	Rehmsdorf bei Zeitz	
29	Königinhof/ Dvůr Králové nad Labem	26.06.1946	1218	361	558	299	ST	Rehmsdorf bei Zeitz	
30	Trübenwasser/ Kalná Voda	20.06.1946	1184	319	575	290	TH	Altenburg	verunglückt, Tote u. Verletzte
31	Dux/ Duchcov	27.06.1946	1202	418	532	252	ST	Rehmsdorf bei Zeitz	
32	Leschan b/ Prag Lešany	27.06.1946	1228	112	478	638	ST	Rehmsdorf bei Zeitz	
33	Marienbad/ Mariánské Lázně	28.06.1946	1216	203	610	403	ST	Rehmsdorf bei Zeitz	
34	Hohenelbe/ Vrchlabí	28.06.1946	1220	349	644	227	TH	Gera-Langenberg	
35	Kaaden + Saaz/ Kadaň + Žatec	29.06.1946	1205	328	535	342	ST	Rehmsdorf bei Zeitz	
36	Reichenau/ Rychnov	29.06.1946	1220	285	641	294	TH	Bad Sulza	
37	Tachau/ Tachov	01.07.1946	1220	184	622	414	TH	Eisenberg	
38	Teplitz-Schönau/ Teplice-Šanov	01.07.1946	1224	350	662	212	ST	Rehmsdorf bei Zeitz	
39	Halbstadt b/ Braunau/ Meziměstí	01.07.1946	1225	302	643	280	ST	Rehmsdorf bei Zeitz	
40	Pilsen/ Plzeň	02.07.1946	1217	172	530	515	TH	Gera-Langenberg	
41	Saaz/ Žatec	02.07.1946	1210	227	580	403	TH	Eisenberg	
42	Gablonz/ Jablonec nad Nisou	03.07.1946	1220	281	687	252	ST	Rehmsdorf bei Zeitz	Reinowitz
43	Königswart/ Lázně Kinžvart	03.07.1946	1215	365	565	285	TH	Eisenberg	
44	Jechnitz b/ Podersam/ Jesenice	03.07.1946	1222	282	573	367	ST	Rehmsdorf bei Zeitz	
45	Trübenwasser / Kalná Voda	03.07.1946	1220	331	598	291	TH	Hermsdorf	
46	Asch/ Aš	04.07.1946	1224	295	604	325	TH	Gera-Langenberg	
47	Nieder-Lipka/ Dolní Lípka	04.07.1946	1208	261	598	349	ST	Rehmsdorf bei Zeitz	
48	Nieder-Georgenthal b/ Brüx Dolní Jiřetín	05.07.1946	1205	356	569	280	ST	Rehmsdorf bei Zeitz	
49	Kaaden/ Kadaň	05.07.1946	1210	301	608	301	ST	Rehmsdorf bei Zeitz	
50	Falkenau/ Falknov nad Ohří *)	05.07.1946	1210	220	597	393	TH	Altenburg	*) ab / od 1948 Sokolov

Lfd. Nr.	ABTRANSPORT AUS ČSR Sammellager, Abtransport-Ort	ANTRANSPORT IN SBZ Datum Ankunft Brambach	Personen gesamt	Männer	Frauen	Kinder bis 14 Jahre	WEITERTRANSPORT Land	Antransport-Ort, Verteillager	Bemerkungen
51	Kuttenplan/ Chodová Planá	05.07.1946	1207	152	599	456	ST	Rehmsdorf bei Zeitz	
52	Eger/ Cheb	06.07.1946	1227	132	537	558	TH	Gera-Langenberg	
53	Pilsen/ Plzeň	06.07.1946	1222	179	541	502	ST	Rehmsdorf bei Zeitz	
54	Hohenelbe/ Vrchlabí	06.07.1946	1196	316	605	275	TH	Eisenberg	
55	Dux/ Duchcov	08.07.1946	1214	408	512	294	TH	Eisenberg	
56	Trübenwasser/ Kalná Voda	08.07.1946	1192	266	608	318	ST	Rehmsdorf bei Zeitz	
57	Reichenau/ Rychnov	08.07.1946	1210	318	733	159	ST	Rehmsdorf bei Zeitz	
58	Podersam/ Podbořany	09.07.1946	1224	263	550	411	TH	Eisenberg	
59	Falkenau/ Falknov nad Ohří *)	09.07.1946	1209	175	652	382	TH	Hermsdorf	*) ab / od 1948 Sokolov
60	Saaz/ Žatec	09.07.1946	1212	298	608	306	ST	Rehmsdorf bei Zeitz	
61	Marienbad/ Mariánské Lázně	10.07.1946	1223	372	564	287	ST	Rehmsdorf bei Zeitz	
62	Halbstadt b/ Braunau/ Meziměstí	10.07.1946	1227	314	631	282	TH	Altenburg	
63	Nieder-Georgenthal b/ Brüx/ Dolní Jiřetín	10.07.1946	1214	359	563	292	ST	Rehmsdorf bei Zeitz	
64	Teplitz-Schönau/ Teplice-Šanov	11.07.1946	1205	333	660	212	TH	Hermsdorf	
65	Nieder-Lipka/ Dolní Lípka	11.07.1946	1215	276	627	312	TH	Eisenberg	
66	Komotau/ Chomutov	11.07.1946	1206	373	568	265	ST	Rehmsdorf bei Zeitz	
67	Hohenelbe/ Vrchlabí	12.07.1946	1195	332	640	223	ST	Rehmsdorf bei Zeitz	
68	Reichenau/ Rychnov	12.07.1946	1221	305	652	264	ST	Rehmsdorf bei Zeitz	
69	Kaaden/ Kadaň	12.07.1946	1210	298	544	368	ST	Rehmsdorf bei Zeitz	
70	Weipert / Kaaden/ Vejprty / Kadaň	13.07.1946	1220	359	570	291	ST	Rehmsdorf bei Zeitz	
71	Bilin + Teplitz-Schönau/ Bilina + Teplice-Šanov	13.07.1946	1206	385	544	277	ST	Rehmsdorf bei Zeitz	
72	Eger/ Cheb	13.07.1946	1226	220	585	421	ST	Rehmsdorf bei Zeitz	
73	Trübenwasser / Kalná Voda	15.07.1946	1177	290	616	271	ST	Rehmsdorf bei Zeitz	
74	Nieder-Georgenthal b/ Brüx/ Dolní Jiřetín	15.07.1946	1208	332	574	302	ST	Rehmsdorf bei Zeitz	
75	Komotau/ Chomutov	15.07.1946	1207	368	577	262	ST	Rehmsdorf bei Zeitz	
76	Teplitz-Schönau/ Teplice-Šanov	16.07.1946	1202	308	668	226	ST	Rehmsdorf bei Zeitz	
77	Reichenau/ Rychnov	16.07.1946	1210	285	663	262	ST	Rehmsdorf bei Zeitz	

Lfd. Nr.	ABTRANSPORT AUS ČSR Sammellager, Abtransport-Ort	ANTRANSPORT IN SBZ Datum Ankunft Brambach	Personen gesamt	Männer	Frauen	Kinder bis 14 Jahre	Land	WEITERTRANSPORT Antransport-Ort, Verteillager	Bemerkungen
78	Halbstadt b/ Braunau/ Meziměstí	16.07.1946	1221	308	635	278	ST	Rehmsdorf bei Zeitz	
79	Swatobořitz / Brünn/ Svatobořice / Brno	17.07.1946	1218	157	577	484	ST	Rehmsdorf bei Zeitz	
80	Saaz/ Žatec	17.07.1946	1185	330	608	247	ST	Rehmsdorf bei Zeitz	
81	Wiesengrund b/ Pilsen/ Dobřany	17.07.1946	1214	217	571	426	ST	Rehmsdorf bei Zeitz	
82	Jechnitz b/ Podersam/ Jesenice	18.07.1946	1222	298	600	324	ST	Rehmsdorf bei Zeitz	
83	Nieder-Lipka/ Dolní Lípka	18.07.1946	1213	321	647	245	ST	Rehmsdorf bei Zeitz	
84	Komotau/ Chomutov	18.07.1946	1235	381	578	276	ST	Rehmsdorf bei Zeitz	
85	Tachau / Kuttenplan/ Tachov	19.07.1946	1220	135	549	536	ST	Rehmsdorf bei Zeitz	
86	Trübenwasser/ Kalná Voda	19.07.1946	1204	292	621	291	ST	Rehmsdorf bei Zeitz	
87	Kaaden/ Kadaň	19.07.1946	1210	314	612	284	ST	Rehmsdorf bei Zeitz	
88	Brüx/ Most	20.07.1946	1193	366	569	258	ST	Rehmsdorf bei Zeitz	
89	Hohenelbe/ Vrchlabí	20.07.1946	1205	320	626	259	ST	Rehmsdorf bei Zeitz	
90	Falkenau/ Falknov nad Ohří *)	20.07.1946	1205	340	542	323	ST	Rehmsdorf bei Zeitz	*) ab / od 1948 Sokolov
91	Teplitz-Schönau/ Teplice-Šanov	22.07.1946	1193	328	642	223	ST	Rehmsdorf bei Zeitz	
92	Reichenau/ Rychnov	22.07.1946	1208	301	662	245	TH	Eisenberg	
93	Asch/ Aš	22.07.1946	1196	310	666	220	ST	Rehmsdorf bei Zeitz	
94	Bilin + Dux/ Bílina + Duchcov	23.07.1946	1191	382	563	246	ST	Rehmsdorf bei Zeitz	
95	Prechnitz b/ Prag oder Leschan?	23.07.1946	1215	244	623	348	TH	Eisenberg	
96	Budweis/ Český Budějovice	23.07.1946	1213	230	661	322	ST	Rehmsdorf bei Zeitz	
97	Kijow / Kyjov	24.07.1946	1199	334	653	212	ST	Rehmsdorf bei Zeitz	
98	Kaaden/ Kadaň	24.07.1946	1198	356	671	171	TH	Gera-Langenberg	
99	Dux/ Duchcov	24.07.1946	1218	312	559	347	ST	Rehmsdorf bei Zeitz	
100	Saaz/ Žatec	25.07.1946	1223	298	588	337	TH	Hermsdorf	
101	Halbstadt b/ Braunau/ Meziměstí	25.07.1946	1192	308	610	274	TH	Eisenberg	
102	Komotau/ Chomutov	25.07.1946	1181	367	577	237	TH	Hermsdorf	
103	Großpostwitz oder Leschan?	26.07.1946	1222	214	630	378	TH	Gera-Langenberg	
104	Trübenwasser/ Kalná Voda	26.07.1946	1188	320	593	275	TH	Gera-Langenberg	

Lfd. Nr.	ABTRANSPORT AUS ČSR Sammellager, Abtransport-Ort	ANTRANSPORT IN SBZ Datum Ankunft Brambach	Personen gesamt	Männer	Frauen	Kinder bis 14 Jahre	WEITERTRANSPORT Land	Antransport-Ort, Verteillager	Bemerkungen
105	Eger/ Cheb	26.07.1946	1227	276	628	323	TH	Altenburg	
106	Nieder-Lipka/ Dolní Lípka	27.07.1946	1234	310	591	333	TH	Gera	
107	Theusing + Marienbad/ Toužim + Mariánské Lázně	27.07.1946	1209	283	599	327	TH	Gera-Langenberg	
108	Brüx/ Most	27.07.1946	1213	379	607	227	TH	Eisenberg	
109	Reinowitz b/ Gablonz Rýnovice	29.07.1946	1217	328	646	243	TH	Gera-Langenberg	
110	Königinhof/ Dvůr Králové nad Labem	29.07.1946	1149	264	565	320	ST	Rehmsdorf bei Zeitz	
111	Falkenau/ Falknov nad Ohří *)	29.07.1946	1207	336	542	329	ST	Rehmsdorf bei Zeitz	*) ab / od 1948 Sokolov
112	Joachimsthal/ Jáchymov	30.07.1946	1226	361	642	223	ST	Zeitz	
113	Tetschen/ Děčín	30.07.1946	1218	324	612	282	ST	Rehmsdorf bei Zeitz	
114	Komotau/ Chomutov	30.07.1946	1220	359	570	291	TH	Eisenberg	
115	Podersam/ Podbořany	31.07.1946	1222	257	571	394	ST	Rehmsdorf bei Zeitz	
116	Hohenelbe/ Vrchlabí	31.07.1946	1161	357	593	211	ST	Rehmsdorf bei Zeitz	
117	Kaaden/ Kadaň	31.07.1946	1217	296	595	326	TH	Eisenberg	
118	Glatz/ Kladsko	01.08.1946	1217	300	539	378	ST	Gera-Langenberg	
119	Jechnitz b/ Podersam Jesenice	01.08.1946	1238	390	647	201	ST	Rehmsdorf bei Zeitz	
120	Buchau/ b/ Karlsbad? Bochov	01.08.1946	1219	284	571	364	ST	Rehmsdorf bei Zeitz	
121	Asch/ Aš	02.08.1946	1179	364	614	201	ST	Rehmsdorf bei Zeitz	
122	Marienbad/ Mariánské Lázně	02.08.1946	1212	376	526	310	ST	Rehmsdorf bei Zeitz	
123	Brüx/ Most	02.08.1946	1224	335	584	305	TH	Eisenberg	
124	Eger/ Cheb	03.08.1946	1219	295	641	283	TH	Hermsdorf	
125	Mlatz b/ Pilsen/ Mladotice	03.08.1946	1220	311	595	314	ST	Rehmsdorf bei Zeitz	
126	Falkenau/ Falknov nad Ohří *)	03.08.1946	1231	371	575	285	ST	Rehmsdorf bei Zeitz	*) ab / od 1948 Sokolov
127	Grottau/ Hrádek nad Nisou	05.08.1946	1222	155	577	490	ST	Rehmsdorf bei Zeitz	
128	Podersam/ Podbořany	05.08.1946	1219	323	576	320	TH	Gera-Langenberg	
129	Leschan/ Lešany	05.08.1946	1222	291	649	282	ST	Rehmsdorf bei Zeitz	
130	Kuttenplan/ Chodová Planá	06.08.1946	1220	360	535	325	ST	Rehmsdorf bei Zeitz	
131	Graslitz/ Kraslice	06.08.1946	1218	367	636	215	ST	Rehmsdorf bei Zeitz	

	ABTRANSPORT AUS ČSR	ANTRANSPORT IN SBZ					WEITERTRANSPORT		Bemerkungen
Lfd. Nr.	Sammellager, Abtransport-Ort	Datum Ankunft Brambach	Personen				Land	Antransport-Ort, Verteillager	
			gesamt	Männer	Frauen	Kinder bis 14 Jahre			
132	Kaaden/ Kadaň	06.08.1946	1220	321	562	337	TH	Eisenberg	
133	Eger/ Cheb	07.08.1946	1230	318	620	292	ST	Rehmsdorf bei Zeitz	
134	Teplitz-Schönau/ Teplice-Šanov	07.08.1946	1290	318	620	352	TH	Gera-Langenberg	
135	Leschan/ Lešany	07.08.1946	1224	229	638	357	ST	Rehmsdorf bei Zeitz	
136	Nieder-Georgenthal b/ Brüx/ Dolní Jiřetín	08.08.1946	1225	376	586	263	ST	Rehmsdorf bei Zeitz	
137	Jechnitz b/ Podersam/ Jesenice	08.08.1946	1224	305	581	338	TH	Gera-Langenberg	
138	Falkenau/ Falknov nad Ohří *)	08.08.1946	1178	392	562	224	ST	Rehmsdorf bei Zeitz	*) ab / od 1948 Sokolov
139	Kuttenplan/ Chodová Planá	09.08.1946	1217	217	568	432	ST	Rehmsdorf bei Zeitz	
140	Weipert/ Vejprty	09.08.1946	1208	347	572	289	ST	Rehmsdorf bei Zeitz	
141	Joachimsthal/ Jáchymov	09.08.1946	1224	385	634	205	ST	Rehmsdorf bei Zeitz	
142	Teplitz Kr. Marienwerder oder Tepl	10.08.1946	1213	335	544	334	ST	Rehmsdorf bei Zeitz	
143	Saaz/ Žatec	10.08.1946	1219	313	596	310	ST	Rehmsdorf bei Zeitz	
144	Komotau/ Chomutov	10.08.1946	1212	379	615	218	ST	Rehmsdorf bei Zeitz	
145	Eger/ Cheb	12.08.1946	1227	289	606	332	ST	Rehmsdorf bei Zeitz	
146	Falkenau/ Falknov nad Ohří *)	12.08.1946	1211	406	531	274	ST	Rehmsdorf bei Zeitz	*) ab / od 1948 Sokolov
147	Leschan b/ Prag/ Lešany	12.08.1946	1219	300	595	324	ST	Rehmsdorf bei Zeitz	
148	Pilsen/ Plzeň	13.08.1946	1220	315	585	320	ST	Rehmsdorf bei Zeitz	
149	Brüx/ Most	13.08.1946	1207	312	566	329	ST	Rehmsdorf bei Zeitz	
150	Kaaden/ Kadaň	13.08.1946	1223	301	572	350	ST	Rehmsdorf bei Zeitz	
151	Teplitz-Schönau/ Teplice-Šanov	14.08.1946	1223	425	579	219	ST	Rehmsdorf bei Zeitz	
152	Podersam/ Podbořany	14.08.1946	1222	276	533	413	ST	Rehmsdorf bei Zeitz	
153	Komotau/ Chomutov	14.08.1946	1202	342	599	261	ST	Rehmsdorf bei Zeitz	
154	Kuttenplan/ Chodová Planá	15.08.1946	1218	274	557	387	ST	Rehmsdorf bei Zeitz	
155	Saaz/ Žatec	15.08.1946	1224	391	611	222	ST	Rehmsdorf bei Zeitz	
156	Eisenstein/ Železná Ruda	15.08.1946	1222	221	549	452	ST	Rehmsdorf bei Zeitz	
157	Eger/ Cheb	16.08.1946	1191	319	563	309	ST	Rehmsdorf bei Zeitz	
158	Jechnitz b/ Podersam/ Jesenice	16.08.1946	1224	330	583	311	TH	Altenburg	

Lfd. Nr.	ABTRANSPORT AUS ČSR Sammellager, Abtransport-Ort	Datum Ankunft Brambach	Personen gesamt	Männer	Frauen	Kinder bis 14 Jahre	Land	WEITERTRANSPORT Antransport-Ort, Verteillager	Bemerkungen
159	Eger/ Cheb	17.08.1946	1227	348	594	285	ST	Rehmsdorf bei Zeitz	
160	Kuttenplan/ Chodová Planá	17.08.1946	1210	278	579	353	ST	Rehmsdorf bei Zeitz	
161	Falkenau/ Falknov nad Ohří *)	17.08.1946	1216	386	551	279	TH	Gera	*) ab / od 1948 Sokolov
162	Wiesengrund/ Dobřany	17.08.1946	1220	219	557	444	ST	Rehmsdorf bei Zeitz	
163	Brüx/ Most	19.08.1946	1218	392	579	247	ST	Rehmsdorf bei Zeitz	
164	Kaaden/ Kadaň	19.08.1946	1219	379	599	241	ST	Rehmsdorf bei Zeitz	
165	Landskron/ Lanškroun	19.08.1946	1219	309	631	279	TH	Altenburg	
166	Kuttenplan/ Chodová Planá	20.08.1946	1218	295	575	348	ST	Rehmsdorf bei Zeitz	
167	Eger/ Cheb	20.08.1946	1194	308	558	328	ST	Rehmsdorf bei Zeitz	
168	Teplitz-Schönau/ Teplice-Šanov	20.08.1946	1221	388	664	169	TH	Gera	
169	Tachau/ Tachov	21.08.1946	1220	349	600	271	ST	Rehmsdorf bei Zeitz	
170	Saaz/ Žatec	21.08.1946	1216	324	582	310	ST	Rehmsdorf bei Zeitz	
171	Leschan/ Lešany	21.08.1946	1206	322	591	293	TH	Altenburg	
172	Podersam/ Podbořany	22.08.1946	1218	298	578	342	ST	Rehmsdorf bei Zeitz	
173	Komotau/ Chomutov	22.08.1946	1197	423	547	227	ST	Rehmsdorf bei Zeitz	
174	Neudek b/ Karlsbad Nejdek	23.08.1946	1200	382	618	200	TH	Gera-Langenberg	
175	Komotau/ Chomutov	23.08.1946	1113	309	554	250	ST	Rehmsdorf bei Zeitz	
176	Graslitz/ Kraslice	23.08.1946	1229	365	657	207	ST	Rehmsdorf bei Zeitz	
177	Asch/ Aš	23.08.1946	1063	328	573	162	ST	Rehmsdorf bei Zeitz	
178	Eger/ Cheb	24.08.1946	1225	347	576	302	ST	Rehmsdorf bei Zeitz	
179	Jechnitz/ ??? Jesenice	24.08.1946	1220	324	568	328	ST	Rehmsdorf bei Zeitz	unverständlich
180	Kaaden/ Kadaň	24.08.1946	1220	336	581	303	ST	Rehmsdorf bei Zeitz	
181	Kuttenplan/ Chodová Planá	26.08.1946	1220	321	675	224	ST	Rehmsdorf bei Zeitz	
182	Mlatz b/ Pilsen/ ?? Mladotice	26.08.1946	1220	321	675	224	TH	Gera	
183	Falkenau/ Falknov nad Ohří *)	26.08.1946	1216	407	531	278	TH	Altenburg	*) ab / od 1948 Sokolov
184	Kuttenplan/ Chodová Planá	27.08.1946	1221	335	558	328	ST	Rehmsdorf bei Zeitz	
185	Modřan/ Modřany *)	27.08.1946	1216	427	535	254	TH	Gera	*) ab / od 1968 Praha

Lfd. Nr.	ABTRANSPORT AUS ČSR Sammellager, Abtransport-Ort	ANTRANSPORT IN SBZ Datum Ankunft Brambach	Personen gesamt	Männer	Frauen	Kinder bis 14 Jahre	WEITERTRANSPORT Land	Antransport-Ort, Verteillager	Bemerkungen
186	Meierhöfen/ Dvory u Karlových Varů	27.08.1946	1221	338	614	269	ST	Rehmsdorf bei Zeitz	
187	Pilsen/ ??? Plzeň	28.08.1946	1213	389	588	236	ST	Rehmsdorf bei Zeitz	durchgestrichen
188	Brüx/ Most	28.08.1946	1220	348	624	248	ST	Rehmsdorf bei Zeitz	
189	Leschan/ Lešany	28.08.1946	1224	324	632	268	ST	Rehmsdorf bei Zeitz	
190	Podersam/ Podbořany	29.08.1946	1222	268	546	408	ST	Rehmsdorf bei Zeitz	
191	Saaz/ Žatec	29.08.1946	1213	295	604	314	TH	Gera-Langenberg	
192	Komotau/ Chomutov	29.08.1946	1213	332	570	311	TH	Eisenberg	
193	Tachau/ Tachov	30.08.1946	1117	228	567	322	ST	Rehmsdorf bei Zeitz	
194	Neusattel/ Nové Sedlo	30.08.1946	1219	380	540	299	ST	Rehmsdorf bei Zeitz	
195	Tepl + Marienbad/ Teplá + Mariánské Lázně	31.08.1946	1221	380	549	292	TH	Altenburg	
196	Wiesengrund/ Dobřany	31.08.1946	1224	290	563	371	ST	Rehmsdorf bei Zeitz	
197	Kaaden/ ??? Kadaň	31.08.1946	1220	329	578	313	ST	Rehmsdorf bei Zeitz	Graz angegeben
198	Eger/ Cheb	31.08.1946	1197	332	556	309	TH	Gera-Langenberg	
199	Pilsen/ Plzeň	02.09.1946	1219	323	608	288	ST	Rehmsdorf bei Zeitz	
200	Jechnitz b/ Podersam Jesenice	02.09.1946	1217	304	611	302	TH	Gera-Langenberg	
201	Leschan/ Lešany	02.09.1946	1215	293	620	302	ST	Rehmsdorf bei Zeitz	
202	Komotau/ Chomutov	03.09.1946	1210	380	562	268	ST	Rehmsdorf bei Zeitz	
203	Modřan/ Modřany *)	03.09.1946	1220	321	640	259	ST	Rehmsdorf bei Zeitz	*) ab / od 1968 Praha
204	Deutsch Brod/ Bartoušov? Německý Brod *)	03.09.1946	1209	323	569	317	TH	Altenburg	*) ab / od 1945 Havlíčkův Brod
205	Tachau/ Tachov	04.09.1946	1220	389	548	283	ST	Rehmsdorf bei Zeitz	
206	Podersam/ Podbořany	04.09.1946	1230	348	547	335	ST	Rehmsdorf bei Zeitz	
207	Leschan/ Lešany	04.09.1946	1225	347	545	333	ST	Rehmsdorf bei Zeitz	
208	Wiesengrund/ Dobřany	05.09.1946	1224	353	585	286	TH	Gera-Langenberg	
209	Kaaden/ Kadaň	05.09.1946	1220	348	560	312	TH	Altenburg	
210	Waldhof/ Zborná	06.09.1946	1196	385	610	201	ST	Rehmsdorf bei Zeitz	kein Lager
211	Budweis/ Český Budějovice	06.09.1946	1213	342	604	267	ST	Rehmsdorf bei Zeitz	
212	Komotau/ Chomutov	06.09.1946	1216	378	572	266	ST	Rehmsdorf bei Zeitz	

Lfd. Nr.	ABTRANSPORT AUS ČSR Sammellager, Abtransport-Ort	ANTRANSPORT IN SBZ Datum Ankunft Brambach	Personen gesamt	Männer	Frauen	Kinder bis 14 Jahre	Land	WEITERTRANSPORT Antransport-Ort, Verteillager	Bemerkungen
213	Tachau/ Tachov	07.09.1946	1219	374	552	293	ST	Rehmsdorf bei Zeitz	
214	Modřan/ Modřany *)	07.09.1946	1223	440	586	197	TH	Gera-Langenberg	*) ab / od 1968 Praha
215	Leschan/ Lešany	07.09.1946	1218	185	606	427	TH	Altenburg	
216	Komotau/ Chomutov	09.09.1946	1189	379	569	241	ST	Rehmsdorf bei Zeitz	
217	Jechnitz b/ Podersam/ Jesenice	09.09.1946	1221	361	613	247	ST	Rehmsdorf bei Zeitz	
218	Leschan/ Lešany	09.09.1946	1219	389	588	242	ST	Rehmsdorf bei Zeitz	
219	Saaz/ Žatec	10.09.1946	1222	320	628	274	ST	Rehmsdorf bei Zeitz	
220	Podersam/ Podbořany	10.09.1946	1220	321	583	316	TH	Altenburg	
221	Deutsch Brod/ Bartoušov? Německý Brod *)	10.09.1946	1201	318	571	312	ST	Rehmsdorf bei Zeitz	*) ab / od 1945 Havlíčkův Brod
222	Pilsen/ Plzeň	11.09.1946	1215	391	580	244	ST	Rehmsdorf bei Zeitz	
223	Meierhöfen + Neudek/ Dvory u Karlových Varů + Nejdek	11.09.1946	1220	335	619	266	TH	Gera-Langenberg	
224	Leschan/ Lešany	12.09.1946	1224	340	577	307	ST	Rehmsdorf bei Zeitz	
225	Falkenau/ Falknov nad Ohří *)	12.09.1946	1219	395	553	271	ST	Rehmsdorf bei Zeitz	*) ab / od 1948 Sokolov
226	Mies/ Stříbro	12.09.1946	1217	362	604	251	ST	Rehmsdorf bei Zeitz	
227	Kuttenplan b/ Marienbad/ Chodová Planá	12.09.1946	1217	401	595	221	TH	Altenburg	
228	Tachau b/ Marienbad/ Tachov	13.09.1946	1182	362	525	295	ST	Rehmsdorf bei Zeitz	
229	Komotau/ Chomutov	13.09.1946	1189	372	563	254	ST	Rehmsdorf bei Zeitz	
230	Leschan/ Lešany	13.09.1946	1207	403	607	197	ST	Rehmsdorf bei Zeitz	
231	Saaz/ Žatec	14.09.1946	1223	333	627	263	ST	Rehmsdorf bei Zeitz	
232	Weipert/ Vejprty	14.09.1946	1210	385	575	250	TH	Altenburg	
233	Brüx/ Most	14.09.1946	1221	391	589	241	TH	Gera-Langenberg	
234	Komotau/ Chomutov	16.09.1946	1207	368	566	273	ST	Rehmsdorf bei Zeitz	
235	Pressburg/ Bratislava	16.09.1946	1193	384	502	307	TH	Altenburg	
236	Leschan/ Lešany	16.09.1946	1228	394	585	243	TH	Gera-Langenberg	
237	Neuhaus/ Jindřichův Hradec	17.09.1946	1221	357	597	267	ST	Rehmsdorf bei Zeitz	bei Budweis
238	Kaaden/ Kadaň	17.09.1946	1220	349	571	300	TH	Gera-Langenberg	
239	Podersam/ Podbořany	17.09.1946	1224	321	611	292	TH	Altenburg	

	ABTRANSPORT AUS ČSR	ANTRANSPORT IN SBZ					WEITERTRANSPORT		Bemerkungen
Lfd. Nr.	Sammellager, Abtransport-Ort	Datum Ankunft Brambach	Personen				Land	Antransport-Ort, Verteillager	
			gesamt	Männer	Frauen	Kinder bis 14 Jahre			
240	Tachau/ Tachov	18.09.1946	1221	378	526	317	TH	Altenburg	
241	Pilsen/ Plzeň	18.09.1946	1220	387	569	264	TH	Gera-Langenberg	
242	Modřan/ Modřany *)	19.09.1946	1223	442	572	209	TH	Altenburg	*) ab / od 1968 Praha
243	Aussig/ Ústí nad Labem	19.09.1946	1258	420	633	205	TH	Gera-Langenberg	
244	Leschan/ Lešany	20.09.1946	1224	365	604	255	MV	Ludwigslust	
245	Budweis / Neuhaus/ Český Budějovice / Jindřichův Hradec	05.10.1946	1218	418	572	228	TH	Altenburg	
246	Leschan/ Lešany	07.10.1946	1205	410	600	195	TH	Altenburg	
247	Pilsen + Kuttenplan/ Plzeň + Chodová Planá	09.10.1946	1209	415	557	237	TH	Altenburg	
248	Leschan/ Lešany	10.10.1946	1254	403	656	195	TH	Altenburg	
249	Reichenau/ Rychnov	11.10.1946	1138	332	543	263	TH	Altenburg	
250	Budweis / Neuhaus/ Český Budějovice / Jindřichův Hradec	14.10.1946	1219	421	526	272	TH	Altenburg	
251	Tepl/ Teplá	15.10.1946	1206	404	586	216	TH	Altenburg	

Erläuterungen: BB = Brandenburg; MV = Mecklenburg; ST = Sachsen-Anhalt; TH = Thüringen

Quelle: Sächsisches Staatsarchiv, Hauptstaatsarchiv Dresden - HSta DD, Landesregierung Sachsen, Ministerium des Innern, Nr. 2552, 2553

Zusammenstellung: Erich und Brigitte Kraus, Dresden

Meldung zum verunglückten Transport 19. Juni 1946

O p i s .

_ PO DR 69 19.6.1946 8.30 _
MNO hl.št.7 oddčl.

Dne 19.-6. ve 4.25 ve stanici Kynsperk nad Chři došlo ke střetnutí manipulačního vlaku 8384,který při posunu přejel označník a vlaku 7317 vezoucím transport němců č.25043/516 z Kalné Vody,který projel hvězdové návěstidlo na stůj 22 m.Čtyři vozy transportu vklíněny do sebe,převráceny,obě tratové koleje zataraseny.Celkem 6 mrtvých,24 těžce raněných,vesměs němců,z toho 1 vojín z doprovodu.Ranění odvezeni do nemocnice Cheb.Doprava přerušena na neurčito.

Dostane:MNO VHT 3.oddčl.,MNO hl.št.7 oddčl.,MNO hl.št.2 oddčl.,
ZŠPON Podmokly,ŽTV Plzeň,ŽTV Hradec Králové,ŽTV Ústí nad Lebem,
šj.116/46,mjr.gšt.Příhoda.

19.-6.-1946.   Za správný opis

Übersetzung:

A b s c h r i f t

PC DR 69 19.6.1946 8:30

Ministerium für nationale Verteidigung, Hauptstab, 7. Abteilung

Am 19.6.1946 kam es um 4:25 in der Station Königsberg a .d. Eger zu einem Zusammenstoß des Manipulationszugs Nr. 8384, der beim Rangieren eine Rangiergrenztafel überfahren hatte, und dem Zug Nr. 7317 mit einem Transport Deutscher aus Trübenwasser Nr. 25403/516, der ein auf Halt stehendes Signal um 22 m überfahren hatte. 4 Waggons des Transports wurden in einander verkeilt und kippten um. Beide Schienenstränge wurden blockiert. 6 Tote und 24 Schwerverletzte, durchweg Deutsche, darunter auch ein Soldat der Begleitmannschaft. Die Verletzen wurden nach Eger ins Krankenhaus gebracht. Die Strecke ist auf unbestimmte Zeit gesperrt.

Verteiler.......

Für die Richtigkeit der Abschrift (Stempel Min. f. nat. Verteidigung, Unterschrift)

Quelle: Nationalarchiv Prag, Fonds Innenministerium–Neue Registratur (MV–NR.) Karton 7481, Signatur B–300 (aus Archivsammlung Dr. Adrian von Arburg)
Übersetzung: Horst Mai, Dresden, 09.02.2016

Auszüge aus den Kirchenbüchern von Bad Brambach (Pfarramt) und den standesamtlichen Eintragungen von Bad Brambach (Kreisarchiv Voigtsberg) zu Sterbefällen aus Umsiedler-Transporten 1946 – 1948

Lothar Schneider, geb. 06.01.1946 in Saaz; Söhnlein der Elly Schneider; † 14.06.1946 15.00 Uhr an Lungenentzündung, Herzschwäche; beerdigt am 18.06.1946 in der Stille (ev.-luth.)
Transport Nr. 9 am 14.09.1946 vom Sammellager Saaz (Anm. Autoren).

Karl Jessensky, geboren am 10.07.1879 in Jechnitz; verheiratet, 9 Kinder, Landwirt; † 09.07.1946 16.35 Uhr an Herzschwäche; beerdigt am 11.07.1946 öffentlich (ev.-luth.).
Transport Nr. 58 am 09.07.1946 vom Sammellager Podersam (Anm. Autoren).

Monika Schumacher, geboren am 02.06.1946 in Kladno; Töchterlein der Martha Schumacher; † 23.07.1946 16.15 Uhr an Unterernährung und Ernährungsstörung; beerdigt am 26.07.1946 in der Stille als ungetauft verstorbenes Flüchtlingskind
Transport Nr. 95 am 23.07.1946 vom Sammellager Preschnitz bei Prag (Anm. Autoren).

Elisabeth Wagner, geb. Geipel, geboren am 25.04.1865 in Oberreuth; Landwirtswitwe, verheiratet; † 01.09.1946 09.30 Uhr an Herzschlag; beerdigt am 04.09.1946 öffentlich (ev.-luth.).
Oberreuth ist der unmittelbare Nachbarort von Bad Brambach auf böhmischer Seite.
Nr. 198 am 31.08.1946 vom Sammellager Eger (Anm. Autoren).

Gisela Maria Schwarz, geboren am 08.09.1944 in Ebertsdorf bei Iglau im Bezirk Deutsch Brod; † 11.09.1946 04.00 Uhr an Lungenentzündung; beerdigt (röm.-kath.).
Transport Nr. 221 am 10.09.1946 vom Sammellager Deutsch Brod (Anm. Autoren).

Marie Laudon geb. Niedermeyer, geboren am 15.01.1882 in Närschau, wohnhaft in Steinaujezd, Bezirk Mies; † 13.09.1946 10.30 Uhr an allgemeiner Herzschwäche; beerdigt (röm.-kath.)
Transport Nr. 226 am 10.09.1946 vom Sammellager Mies(Anm. Autoren).

Bekanntmachung über Rückkehr

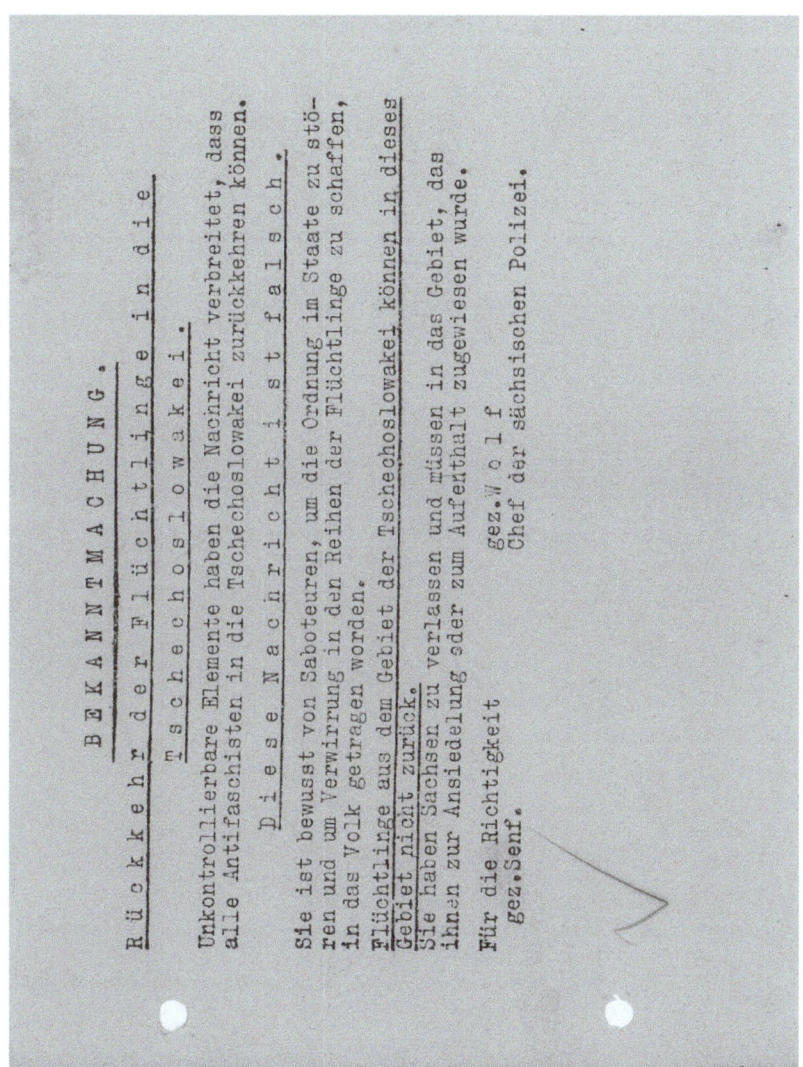

Abbildung 21: Auch Gegnern des NS-Regimes wurde eine Rückkehr verweigert.
(Archiv Autoren)

Die „ordnungsgemäße und humane Überführung" der Deutschen aus der ČSR im Jahre 1946

Gesamtzusammenstellung der Vertreibungstransporte
in die amerikanische und sowjetische Besatzungszone

Besat-zungs-zone	Grenz-durch-gangs-lager	Trans-port-art	Anzahl Perso-nen	Anzahl Trans-porte	Datum der Transporte 1946	
					erster	letzter
Ameri-kanische Zone	Furth im Wald	reguläre	618650	519	25.01.	29.11.
		Antifa	24493	98	04.05.	28.11.
	Wiesau in der Oberpfalz	reguläre	532634	445	25.02.	26.10.
		Antifa	33447	162	07.05.	29.10.
Sowje-tische Zone	Brambach	reguläre	305547	251	10.06.	15.10.
	Prossen	reguläre	181336	150	21.06.	29.11.
	Pirna (graue Kaserne)	reguläre	101274	91 *)	02.07.	30.11.
	Pirna (rote Kaserne)	Antifa	31317	115	12.10.	27.11.
	Adorf	Antifa	11691	41	13.02.	15.10.

Reguläre Transporte: meist 1.200 Personen je Transport, 40 Güterwagen, je Waggon 30 Personen mit „Habseligkeiten".
Diese Transporte liefen hoch organisiert von den Sammellagern in der ČSR über die Grenzdurchgangslager in die damaligen Länder der amerikanischen und sowjetischen Besatzungszonen.
*) darin 10 Schiffstransporte mit 9906 Personen
Antifa-Transporte: ca. 300 Personen je Transport, Personen meist in Personenwagen, für 4 Familien meist ein Güterwagen mit „Habseligkeiten".
Diese Transporte liefen organisiert von den Güterbahnhöfen der Ausgangsorte in der ČSR über Grenzdurchgangslager in die damaligen Länder der amerikanischen und sowjetischen Besatzungszonen
Zusammenstellung und Archivunterlagen: Erich und Brigitte Kraus, Dresden, Januar 2014
- von allen in den Grenzdurchgangslagern angekommenen Transporten ohne Personenlisten,
- Personenlisten nur von allen Transporten von den Sammellagern Hohenelbe und Trübenwasser (Bezirk Trautenau)

Quellen und Literaturverzeichnis

Arburg, Adrian von: Sammlungen und Dokumente

Brandes, Detlef: *Vertreibung und Zwangsaussiedlung der deutschen Bevölkerung aus der Tschechoslowakei, in: Flucht, Vertreibung, Integration. Begleitbuch zur Ausstellung im Haus der Geschichte der Bundesrepublik Deutschland*, Bielefeld 2005

DER STANDARD - Album, Print-Ausgabe, 20./21.10.2001

Ehem. Bundesministerium für Vertriebene, Flüchtlinge und Kriegsgeschädigte (Hg): *Die Vertreibung der deutschen Bevölkerung aus der Tschechoslowakei.* Bd.1-3, Sonderausgabe Augsburg 1994

Habel, Fritz Peter: *Dokumente zur Sudetenfrage.* München 2003

Historisches Archiv Oelsnitz/Voigtsberg: Gemeinde Bad Brambach

Morgner, Mario: *Flucht, Vertreibung, Heimatlosigkeit: Flüchtlinge und ihr Neuanfang im Vogtland 1945 bis 1949.* Norderstedt 2011

Morgner, Mario, Baumann, Jens: *Kulturregion Riesengebirge – Die Wiesenbaude.* Norderstedt 2013

Nationalarchiv Prag

Kiesewetter-Giese, Edith (Hg): *Was an Erinnerung bleibt – stirbt nicht.* Bad Schussenried, 2015

Kraus, Erich: Sammlungen und Dokumente

Kulturstiftung der deutschen Vertriebenen für Wissenschaft und Forschung

Sächsisches Staatsarchiv, Hauptstaatsarchiv Dresden

Staatliches Kreisarchiv Tachov

St. Benno –Verlag: *Im Land der heiligen Elisabeth.* Leipzig 1985

Teuke, Sibylla: Sammlung und Dokumente

Danksagung

An dieser Stelle möchten wir uns bei allen Personen und Institutionen bedanken, die uns bei der Erstellung dieser Arbeit unterstützt haben.

Ein besonderer Dank gilt unseren Zeitzeugen, die Herren Horst Siegel und Otte Weiss, für die es bestimmt nicht immer einfach war, sich an die damaligen Erlebnisse zu erinnern und diese zu Papier zu bringen. Ebenfalls bedanken möchten wir uns beim St. Benno-Verlag Leipzig für die freundliche Genehmigung des Abdrucks der Erinnerungen von Frau Margarethe Pilz und bei Herrn Josef Gleißner sowie Frau Sibylla Teuke, die uns mit dem Bericht von Herrn Franz Fenzl unterstützten.

Dem Sächsischen Staatsministerium des Innern unser aufrichtiger Dank für die Förderung dieser Publikation. Dem Engagement des Ministeriums und deren Mitarbeiter, insbesondere Herrn Dr. Jens Baumann, ist es zu verdanken, dass die Erinnerung an die Geschichte der ehemals deutsch besiedelten Gebiete erhalten und an Nachfolgegenerationen weitergegeben werden kann.

Ebenfalls bedanken möchten wir uns bei Herrn Erhard Adler, der als Bad Brambacher Ortschronist für uns immer ansprechbar war, uns bei der Suche nach Dokumenten unterstützte und dem es letztlich zu verdanken ist, dass am Bahnhof Bad Brambach eine Tafel an die damaligen Geschehnisse erinnert.

Bedanken möchten wir uns auch bei allen Mitarbeitern des Historischen Archivs des Vogtlandkreises in Oelsnitz, des Sächsischen Staatsarchiv - Hauptstaatsarchiv Dresden, den Staatlichen Bezirksarchiven in Trutnov/Trautenau und Tachov/Tachau sowie bei Herrn Adrian von Arburg. Sie alle trugen mit der Überlassung von Dokumenten wesentlich zum Gelingen des Projektes bei.

Ein großer Dank gebührt auch unseren Familien, die während des letzten halben Jahres auf viel gemeinsame Zeit verzichten mussten und unsere Arbeit stets unterstützten. Ein ganz besonderer Dank gilt Frau Brigitte Kraus für die federführende Bearbeitung der Listen für die Vertreibungstransporte.

Das Grenzdurchgangslager Radiumbad Brambach
im Jahre 1946

**Über das hier am Bahnhof Bad Brambach eingerichtete Grenzdurch-
gangslager kamen zwischen dem 10.06. und dem 15.10.1946 in 251 Ver-
treibungstransporten 305 547 Deutsche aus der Tschechoslowakischen
Republik in die sowjetische Besatzungszone in Deutschland.**
Dies waren ca. 10 % der Deutschen aus ihren Heimatgebieten in Böhmen und
Mähren.
Die Vertreibung der über 3 Millionen Deutschen war die Folge des 2. Welt-
krieges, der Dekrete des Präsidenten der Tschechoslowakischen Republik
Eduard Beneš und den Festlegungen im Potsdamer Abkommen.
Ein jeder dieser Vertreibungstransporte mit 1 200 Personen hatte 40 gedeckte
Eisenbahnwaggons, in jedem Waggon waren 30 Personen mit den
kontrollierten Habseeligkeiten von 30 bis 50 kg je Person.
Nach einem Aufenthalt zur Registrierung der Personenanzahl, Verpflegung
und Toilettenbenutzung wurden die Vertreibungstransporte von hier zu
Auffang- und Verteillagern in Thüringen und Sachsen-Anhalt
weitertransportiert.
Kranke wurden mit ihren Familien aus den Zügen in das in Bahnhofsnähe
eingerichtete Grenzdurchgangslager überführt und später weitertransportiert.
In den Vertreibungszügen waren 3 Personen tot angekommen, 3 verstarben
unmittelbar nach Ankunft im Grenzdurchgangslager. Es waren 3 Kleinkinder
(6 Wochen, 6 Monate und 2 Jahre alt) und 3 ältere Personen (64, 67 und 81
Jahre alt). Sie wurden in Bad Brambach bestattet.
*Der aus dem Sammellager Trübenwasser / Kalná Voda (Bezirk Trautenau / okres
Trutnov) am 20.06.1946 mit 14 Stunden Verspätung angekommene Transport war
während der Fahrt bei Königsberg an der Eger / Kynšperk nad Ohří verunglückt, 7 Tote
(die dort beerdigt wurden) und Verletzte waren zu beklagen.*

Hraniční tranzitní tábor v radonových lázních Brambach
v roce 1946

Hraničním tranzitním táborem zřízeným zde na nádraží v Bad Brambachu projíždělo v období od 10.06. do 15.10.1946 v 251 transportech s vysídlenci 305 547 Němců z Československé republiky do sovětského okupačního pásma v Německu.

Jednalo se o cca 10 % Němců majících své domovy v Čechách a na Moravě. Vyhnání více než 3 miliónů Němců bylo důsledkem 2. světové války, dekretů prezidenta Československé republiky Eduarda Beneše a ustanovení Postupimské dohody.

Každý z těchto transportů, čítající 1 200 osob, tvořilo 40 uzavřených železničních vagónů, v každém vagónu bylo 30 osob s 30 až 50 kg zkontrolovaného majetku na osobu.

Po zastávce za účelem registrace počtu osob, přestávky na jídlo a využití toalet pokračovaly tyto transporty s vysídlenci dále do záchytných a přerozdělovacích táborů v Durynsku a Sasku-Anhaltsku.

Nemocní byli se svými rodinami přesunuti z vlaků do hraničních záchytných táborů zřízených poblíž nádraží a pokračovali v transportu později.

Ve vlacích s vysídlenci dorazily 3 osoby mrtvé, 3 zemřely bezprostředně po příjezdu do hraničního tranzitního tábora. Jednalo se o 3 malé děti (6 týdnů, 6 měsíců a 2 roky) a 3 starší osoby (ve věku 64, 67 a 81 let). Byly pohřbeny v Bad Brambachu.

Transport, který dorazil dne 20.06.1946 se čtrnáctihodinovým zpožděním ze sběrného tábora Kalná Voda /Trübenwasser (okres Trutnov) měl během jízdy nehodu u Kynšperka nad Ohří, 7 lidí zemřelo (a byli tam také pohřbeni) a další lidé byli zranění.

Bad Brambach, 10.06.2016